上海市"十三五"重点出版物出版规划项目

国家与社会治理现代化译丛

美国议会制度的拨款程序与历史调整

彼得·汉森（Peter Hanson） 著

陆 洲 译

上海财经大学出版社

CAMBRIDGE

本书为上海市新闻出版专项资金资助项目

图书在版编目(CIP)数据

美国议会制度的拨款程序与历史调整/(美)彼得·汉森(Peter Hanson)著;陆洲译.—上海:上海财经大学出版社,2022.12
(国家与社会治理现代化译丛)
书名原文:Too Weak to Govern:Majority Party Power and Appropriations in the U. S. Senate
ISBN 978-7-5642-3871-1/F.3871

Ⅰ.①美… Ⅱ.①彼…②陆… Ⅲ.①拨款-程序-研究-美国 Ⅳ.①F817.123

中国版本图书馆CIP数据核字(2022)第152638号

□ 策　　划　陈　佶
□ 责任编辑　陈　佶
□ 封面设计　张克瑶

美国议会制度的拨款程序与历史调整
彼得·汉森　著
(Peter Hanson)
陆　洲　译

上海财经大学出版社出版发行
(上海市中山北一路369号　邮编200083)
网　　址:http://www.sufep.com
电子邮箱:webmaster@sufep.com
全国新华书店经销
上海华业装璜印刷厂有限公司印刷装订
2022年12月第1版　2022年12月第1次印刷

710mm×1000mm　1/16　9.75印张(插页:2)　170千字
定价:58.00元

This is a simplified Chinese edition of the following title published by Cambridge University Press:

Too Weak to Govern: Majority Party Power and Appropriations in the U. S. Senate（ISBN 9781107635876）by Peter Hanson, first published by Cambridge University Press 2014.
All rights reserved.

This simplified Chinese edition for the People's Republic of China (excluding Hong Kong, Macau and Taiwan) is published by arrangement with the Press Syndicate of the University of Cambridge, Cambridge, United Kingdom.

© Shanghai University of Finance and Economics Press 2022

This simplified Chinese is authorized for sale in the People's Republic of China (excluding Hong Kong, Macau and Taiwan) only. Unauthorized export of this simplified Chinese is a violation of the Copyright Act. No part of this publication may be reproduced or distributed by any means, or stored in a database or retrieval system, without the prior written permission of Cambridge University Press and Shanghai University of Finance and Economics Press.

Copies of this book sold without a Cambridge University Press sticker on the cover are unauthorized and illegal.

本书封面贴有 Cambridge University Press 防伪标签，无标签者不得销售。
图字：09-2020-199 号

2022 年中文版专有出版权属上海财经大学出版社
版权所有　翻版必究

目 录

前言/001

致谢/001

第一章 参议院有限影响力理论/001

第二章 对预测的验证/030

第三章 第一波浪潮（1979～1987年）/056

第四章 回归常规决议/081

第五章 第二波浪潮（1995～2012年）/107

第六章 结论/131

参考文献/136

前　言

这是一本有关参议院党派权力的书。参议院的多数党有多大的权力能够按其政策倾向影响立法结果？多数党的权力源自哪里，什么时候会使用这种权力？在一个素来以个人主义、延迟和冗长辩论（阻碍立法投票的一种手段）著称，立法通过有时堪比奇迹的国会，多数党如何才能有效地进行管理呢？

以上是非常重要的问题。在两极分化严重的国会环境中，多数党面临的威胁不仅在于能否推动本党的议案通过，更在于他们是否能够通过任意议案。空气里充斥着悲观的论调。"如果你坐着连续观察我们七天，你会发现什么呢？什么也没有发生。"科罗拉多州民主党参议员迈克尔·贝内特（Michael Bennet）哀叹道。① 参议院制度赋予参议员的个人权利没能像《宪法》起草者们设想的那样有助于催生严肃的讨论，反而使国会陷入了瘫痪。

以往的国会领袖们一致认为国会很少采取强制措施。"在我于2007年担任党鞭的时候，我和时任共和党领袖麦康奈尔（McConnell）想要将游说改革法案中的道德问题提交到协商会议上，"前参议院多数党领袖特伦特·洛特（Trent Lott）回忆说，"吉姆·德敏特（Jim DeMint）表示反对，麦康奈尔对我说：'党鞭，你去试试能不能让他妥协吧。'我尝试了很多方法，找首席副党鞭去和他谈，让他的人去劝说他，可他就是不肯让步。结果就是，这些问题最后没能提交到协商会议上。"（洛特，2012年3月7日与作者的谈话）

洛特描述的阻挠和僵持是国会的普遍情况。考虑到美国面临的种种政策挑战，这种情形着实令人担忧。如果参议员注定无法做出艰难的抉择，他们就几乎无法维持国家财政的有序运作，或无法共同应对全球变暖一类的重大挑战。诸如此类的担忧在参议院催生出一场关于限制冗长辩论的讨论。作为参

---

① 乔治·帕克："空白的议会：参议院究竟有多分裂"，《纽约客》，2010年8月9日。

议院改革的第一步,民主党在 2013 年 11 月废除了参议员通过冗长辩论阻挠总统提名的权利,但一项议案仍需要绝对多数票才能在参议院通过。自此以后,有关参议院制度的改革便陷入了停滞,我们又能期待多数党有何作为呢?

在本书中,我通过研究多数党如何通过年度财政拨款议案来探讨参议院党派权力的本质。自 1960 年以来,财政拨款议案审议流程中出现的最重要的变化是"常规决议"制度的崩溃。常规决议是一项久经考验的制度,指对十几项覆盖不同领域的拨款预算逐一进行辩论、修订、投票,再决定是否通过。如今,这一制度已被另一种制度取代——将年度财政预算并入总金额高达几千亿美元的综合拨款议案一起进行表决。近三分之一的联邦预算被放在一个议案中进行分配,由此制定的政策将影响数以百万计的美国人。

改变带来了巨大的影响,也招致了一些不满的声音。尽管综合拨款议案受到了广泛的批评,但很少有学者认为它破坏了常规决议的某种宝贵精神。在《华盛顿邮报》(Washington Post)的一篇有关拨款议案的评论中,政治学者乔纳森·伯恩斯坦(Jonathan Bernstein)写道:"常规决议并不是神圣的,问题的核心在于国会议员是否在认真履行他们的职责,而不是他们采用了什么样的流程。"[1]这种观点在我看来是失之偏颇的。在任何立法机构,制度和程序都是权力分配和立法决策的重要手段。常规决议代表了一种自由的立法制度,多数党和少数党的议员都能通过提交议案或修正案参与立法过程。采用综合拨款议案表示国会抛弃了这种开放式的环境,将权力集中到少数几个人手中。正如缅因州共和党参议员苏珊·柯林斯(Susan Collins)解释的那样:

"(常规决议)意味着我们可以充分、公正地讨论每个议案,制定修正案,投票决定是否通过。我们会避免在年末将所有的财政拨款议案放在一起表决。这些文件合起来可能多达几千页。很多时候,有些条款得不到充分的讨论,表决流程也很不透明。这些都加重了公众对华盛顿办事作风的担忧……对我们来说,履行职责的最佳方式就是和整个参议院一起,将立法者的意志写入议案中。参议院理应按此方式运作,我们也必须遵循这样的方式,才能恢复美国人民对国会的信心。"[2]

柯林斯对一揽子议案最大的批评是缺乏民主性,因为议案的发起和通过缺乏充分的参与度、透明度和责任心。一揽子议案通常由几个主要议员闭门撰写,一般议员很少有机会能够在投票前进行仔细阅读、讨论和修订。当国会在

---

[1] 乔纳森·伯恩斯坦:"有用的提示:他们不相信自己所说的话",《华盛顿邮报》,2013 年 7 月 1 日。
[2] 国会记录,2012 年 2 月 27 日,S1041。

1987年批准通过了长达2 000页、总额高达6 000亿美元的一揽子议案后,《纽约时报》(New York Times)愤怒地发表了评论:"在投票前,没人可以或能够了解那些堆积如山的文件的全部内容。"①此外,一揽子议案中还包含某些单独投票时可能遭到否决的方案或政策。2003年,在预算委员会主席、阿拉斯加州共和党参议员泰德·史蒂文斯(Ted Stevens)的命令下,一份包含了11项议案的一揽子议案取消了对阿拉斯加国家森林的伐木禁令。对此,《华盛顿邮报》发文抨击道:"将森林保护和其他附加条款放入一揽子议案是不负责任、违反民主的行为。如果国会仅用短短几天就完成了对11项复杂议案的讨论,以秘密的形式定稿,那么所谓的综合拨款议案到底是什么呢?"②

对一揽子议案的批评者涵盖了总统,国会议员,民主党、共和党、少数党和多数党成员。在1988年的国情咨文演说中,里根总统就呼吁废除一揽子议案。前国会多数党领袖汤姆·达施勒(Tom Daschle)称一揽子议案为"国会功能失调的病征"(2012年2月15日与作者的谈话)。2009年,时为少数党的共和党成员联名致信多数党领袖、内华达州民主党参议员哈里·瑞德(Harry Reid),表示"一揽子议案没有给予拨款议案充分的公共意见,反而把原本透明的流程变得疑雾重重"③。他们关于恢复常规决议的呼吁在两年后得到了预算委员会主席、夏威夷州民主党参议员丹尼尔·井上(Daniel Inouye)的回应,后者表达了自己对于一揽子议案的不满之情。④

这些批评意见反映出一个事实:多数党发起一揽子议案的动机并不是比起立法内容,他们更注重程序,而是想用一种表决体系取代另一种。更本质上来说,这是他们权力的展示。选择将12项议案是通过常规决议逐一通过,还是打包变成一揽子议案,本质上是选择公开自由还是封闭集权的立法体系。对一般的国会议员而言,一揽子议案意味着他们参与立法、获得荣誉、担任重要公职的机会在常规决议时期减少了。

既然有如此多的国会议员对常规决议致敬,那为什么它在多数时候却遭到了弃用呢?在过去的38年中,国会有24年都使用了一揽子议案。自2010年后,每年的财政拨款议案都被并入一揽子议案中。近年来,预算委员会中一些较为强势的附属委员会已不再批准单独提交的拨款议案——在10年前,这种

---

① 《旧瓶装新酒》,《纽约时报》,1988年1月26日。
② 安·阿普勒鲍姆(Anne Applebaum):《没有底的水桶》,《华盛顿邮报》,2013年7月1日。
③ 《致参议院多数党领袖哈里·瑞德的一封信》,2009年3月24日,http://www.scr.senate.gov/files/03-24-09_Letter_to_Reid.pdf(2013年7月2日访问网址)。
④ 国会记录,2011年3月10日,S1541。

做法会使旁观者目瞪口呆。随着国会从一个预算危机走向另一个预算危机,原本井然有序的财政预算表决体系已陷入崩溃。

当多数党在国会占微弱优势,或面对严重的党内或党外意识形态分歧时,他们最有可能抛弃常规决议,转而采用一揽子议案。弃用常规决议限制了参议院对议案的修改,从而增加了预算通过的可能性,维护了多数党的声誉。有趣的是,相较于众议院,参议院弃用常规决议的频率更高,甚至有时会因为无法通过单独议案而强制发起一揽子议案。参议院多数党弃用常规决议的频繁程度反映了参议院的个人主义风气,以及控制参议院的难度。如果美国有两个如众议院一样的立法机构,相信我们见到的一揽子议案数量和金额都会大大减少。

这些发现也许能够给关于党派权力的两场持续的辩论提供一些借鉴:辩论之一是关于参议院多数党有多大能力按自身倾向影响立法结果。例如,多数党是否可以通过说服立场摇摆的议员支持本党,或通过阻挠少数党提交有可能获得多数支持的议案来赢得投票?传统主义代表芭芭拉·辛克莱(Barbara Sinclair)和史蒂文·史密斯(Steven Smith)认为参议院的规章能够防止多数党通过上述方式操纵权力。政治学者克里斯·丹·哈托格(Chris Den Hartog)以及奈特·门罗(Nate Monroe)通过研究对这种观点表示了质疑,他们认为多数党在国会中往往能够达成其政策目标。我的观点介于以上两者之间:我认为多数党的影响力并不足以帮助他们达成政策目标,但他们对财政拨款议案的操控能够使他们完成选举目标,维护本党声誉。参议院多数党对立法结果发挥着有限但重要的影响。

辩论之二是关于多数党会在怎样的情况下发挥影响力。我的研究发现挑战了著名的"条件性政党政府"理论。"条件性政党政府"是约翰·奥尔德里奇(John Aldrich)和大卫·罗德(David Rohde)共同创立的理论,通常用于研究众议院,但有时也被用来研究参议院中的斗争(尽管和众议院的情况截然不同)。奥尔德里奇和罗德认为多数党影响立法结果的能力和动机取决于党内成员是否团结,以及多数党和少数党的意识形态分歧。当这些条件满足的时候,多数党的成员就会享有高度一致的目标。他们会将权力委托给本党领袖,以此来影响立法结果,制定符合本党倾向的政策。多数党对立法结果的影响,本质上是一个强势、团结一致的政党在行使内部成员赋予的权力。

然而,这些预设并不符合参议院的现实情况。当多数党发现难以控制参议院,也就是当它的优势较为微弱的时候,更有可能弃用常规决议,转而采用一揽子议案。一个影响力较小或内部分裂的多数党更有可能采用一揽子议案,因为它通常无法争取到足以压倒对手、处理复杂的修正案以及通过单独的拨款议案的票数。同时,当多数党和少数党面临巨大的意识形态分歧(导致少数党激烈反对,两党有可能陷入僵持),使用常规决议通过拨款议案的难度增大时,多数党也更倾向于采用一揽子议案来化解僵局、通过预算。一揽子议案的背后并非是一个占主导地位、充满活力的多数党,而是一个艰难挣扎、力求避免损失的多数党。就像本书将要阐述的那样,一揽子议案的兴起是因为弱势的多数党无法通过传统的手段来控制国会。

本书的目标之一是帮助读者理解关于参议院多数党"强势"和"弱势"的概念。政治学家通常用"强势"来表示政党有能力影响立法结果,反之则称为"弱势",这种过于简略的形容可能会造成一些关于多数党特征的误解。严格来说,强势的多数党无论是否操控立法过程,都能够完成本党的立法目标。最强势的多数党往往占有绝对优势,内部团结一致,因此能够轻松地赢得选票。弱势多数党的特征包括在国会的影响力较小、面临意识形态分歧、受到少数党拖延策略的威胁。处于这种情况下的多数党仍然能够对立法结果产生影响,达成有限数量的立法目标,但整体影响力相较于拥有更多(或更团结)成员的多数党显得不足。参议院多数党的真正优势在于人数以及统一的意识形态,而非操控立法结果的手段。

本书采用了包括采访政策制定者、定量研究和案例分析在内的综合论证方法来阐述论点。我采用此种论证方式是因为它最能帮助读者理解参议院的运行方式。近年来,政治研究领域中篇幅较短、采用定量研究的论文越来越多,我很自豪本书能够体现出定性研究的价值。我是"浸入式"研究方式的支持者——亲眼观察国会中发生的事件,并提出第一手问题。我在二十多岁的时候担任了参议院民主党领袖的法律助理,有幸见证了两党如对弈一般对参议院控制权的争夺。民主党每周在林登·贝恩斯·约翰逊(Lyndon Baines Johnson)会议室召开的战略会议上,关于作为多数党的共和党阻碍立法讨论和修订的抱怨几乎是家常便饭。对此,民主党的领袖们鼓励代表每位议员的工作人员采用冗长辩论的策略以防止多数党破坏少数党公开辩论和修改法案的权利,每个人都在嚷嚷:"他们想把这儿变成众议院!"对于习惯了参议院个人主义作风的人而言,众议院由多数党一统大局的情形是骇人听闻的。某位词汇量丰富的参议员将多数党统治的众议院比作"古拉格"(Gulag)——关押政治犯的集中营。我所目睹的激烈交锋使我对于多数党权力的本质以及多数党行使权力的方式变得越来越好奇。

在我进入加州大学伯克利分校开始研究生学习后,我开始崇拜诸如理查德·芬诺(Richard Fenno)、尼尔森·波尔斯比(Nelson Polsby)、理查德·霍尔

(Richard Hall)等政治学家的著作,他们在国会的亲身经历为其研究提供了重要的帮助。我效仿他们的先例,在本书中穿插了和前任多数党领袖以及一些有数十年财政拨款议案工作经验的资深工作人员的访谈。这些政策制定者的见解为解读数据提供了重要的指导,同时帮助我在每年关于拨款议案的复杂讨论中寻找到联系和规律。我希望更多的研究者可以将采访作为一种研究方式以增加研究的深度。在国会山工作过几年的工作人员了解立法程序、关心国会,也非常乐意分享他们的观察。在此,我要感谢所有在本书撰写过程中和我交流过的人。

本书中呈现的量化实证来源于对财政拨款议案这一独特历史数据的分析。绝大多数关于国会的研究都基于唱票表决来分析立法决策。显而易见,此类研究无法准确地分析为什么有些议案能够获得投票通过,有些则遭到否决。我的研究基于财政拨款议案和常规决议固定的表决流程。众所周知的是,国会每年都要起草12项(或13项)财政拨款议案并逐一进行投票表决。当国会偏离这种惯例,转而采用其他表决方式时,我将其记录为投票失败。我通过分析多数党避免投票的行为来分析多数党控制立法进程的方式、时间、动机以及取得的成效。我将这些统计分析和具体案例研究结合起来,以证明定量分析中的可见规律如何在参议院得到体现。与此同时,我尽可能援引国会记录以及参议院领袖新闻发布会的记录,用议员自己的语言来论证我的观点。

本书中关于参议院多数党势力的解读——关于参议员操控机构规则、做出政策选择的行为——同时给了读者疑虑与希望。好消息是,即使在最艰难的情况下,多数党在大多数时候还是能够完成为政府提供财政支持的基本任务。坏消息是,多数党为达成这一目标采取的立法策略是以牺牲透明度、责任心和大多数议员参与立法的权利为前提的。财政预算表决程序已经遭到了严重的破坏,短期内恢复正常的希望非常小。如果不对参议院规章进行进一步的修改,参议院多数党仍会以这种蒙混过关的方式来完成自己的基本义务。我们面临的问题是:这一立法机构还能改进自己的行为吗?参议院必须找到一种新的治理方法,为议员提供行使基本立法权的机会,使他们能在不中断立法过程的前提下参与评估、修订法案或提供其他方案。参议院领袖必须建立一种稳定的新机制,在保护个人主义传统和及时决策之间达到平衡。

第一章基于对资深政策制定者的采访和过去的研究结果,为读者勾勒出关于参议院多数党权力范围的讨论,同时为有关多数党审议财政拨款议案的程序的研究提供了理论依据。在过去的38年中,参议院越来越倾向于使用一揽子议案来审议财政拨款议案,但很少有研究去分析这种现象背后的原因。从和特伦特·洛特等资深参议员的访谈中不难看出,当弱势的多数党失去参议院控制权的时候,一揽子议案就出现了。议员需要在通过常规决议来参与立法和预算可能无法通过、要制定复杂的修正案的风险之间做出权衡。当多数党感到对本党声誉的威胁超过了参与立法讨论的好处时,他们就会弃用常规决议,转而采用一揽子议案。

第二章通过展示定量数据和分析来检验以上理论的三大预期。结果显示,当参议院多数党人数较少、内部分裂或同少数党有较大意见分歧时,他们更有可能弃用常规决议,转而采用一揽子议案。其次,以通过一揽子议案取代对单独议案进行投票的形式减少了制定修正案的机会。最后,对一揽子议案的支持往往呈现出两极分化态势。综上所述,一揽子议案是弱势的多数党用来通过预算、保护本党声誉的一种策略。

第三章通过展示 20 世纪 80 年代围绕财政拨款议案展开的一系列讨论,探讨了国会从审议单独的拨款议案转变为将单独议案打包的行为方式和动机。1981 年,时为参议院多数党的共和党面临着控制力不足、内部出现严重意识形态分歧的情况。代表自由派的康涅狄格州共和党参议员洛威尔·韦克(Lowell Weicker)和代表保守派的北卡罗来纳州共和党参议员杰西·赫尔姆斯(Jesse Helms)就财政拨款议案关于堕胎、学校祷告制度、种族分离的部分展开了激烈的争论。这场争论的背景是里根总统试图削减联邦开支而导致预算斗争。共和党内部的争论促使当时的多数党领袖、田纳西州共和党参议员霍华德·贝克(Howard Baker)放弃了通过单独拨款议案的做法,将它并入了一揽子议案中。

第四章讨论了从 1988 年至 1994 年,国会经历了由制定一揽子议案回归到以正常的程序通过拨款议案的关键七年。研究显示,此项变化的背后是一个统一、强大、能够协调解决议案争议的多数党——民主党。1995 年共和党重新控制国会后,随着预算法案变成共和党与总统的主要分歧,以及共和党的微弱多数优势使他们时常受到来自民主党的各种阻挠,国会又恢复了靠一揽子议案通过预算的做法。本章还讨论了总统在制定一揽子议案中所扮演的角色。总统能够影响一揽子议案制定的可能性,但在选择是一揽子议案还是多项单独拨款议案方面,总统也会基于不同的战略考量做出选择。

第五章分析了在 2000 年初小布什总统任期内,多数党对于议案流程的管理。其间,作为多数党的共和党对国会的控制力较弱,这使得他们在投票上容易受到来自少数党的阻挠。共和党的回应策略是制定一揽子议案以减少投票阻力,保证预算得以通过。来自小布什总统的影响使得议案在方向上更偏保守,推翻了一些参议院已达成的决议,但投票模式显示议案在两党仍然获得了多数支持。

第六章通过列举当今国会领袖所面临的挑战而引出结论。制定一揽子议案这一原本不寻常的做法正渐渐成为标准流程。来自少数党的激烈反对使得多数党想通过拨款议案非常困难,1974年制定的预算审议流程正濒临崩溃。当我们迎来现代预算流程实施的第四十个年头时,未来仍笼罩在深深的不确定之中。

致　谢

本书源自我于1996～2002年间在参议院为南达科他州民主党参议员工作时的经历。能够与一群才华横溢的同事共事，我感到非常幸运，在此，我要向彼得·劳斯（Peter Rouse）、劳拉·彼得路（Laura Petrou）、安·米尔斯（Ann Mills）、埃里克·沃什伯恩（Eric Washburn）、凯利·法多（Kelly Fado）、蒂姆·米特洛维奇（Tim Mitrovitch）、南希·埃里克森（Nancy Erickson）以及其他许多同事致以深深的谢意，感谢他们对我的信任以及赋予我超越年龄的责任。在为参议员工作的过程中，我逐渐接触到年度预算的审批过程，了解到国会的日程是如何围绕预算审议展开的，也由此结识了许多在预算委员会兢兢业业工作的同事。在参议院的这段工作经历使我对这个机构保持着长久的兴趣，并对参议院的所有工作人员怀有敬意。

本书的初稿是我在加州大学伯克利分校政治学系就读时撰写的论文。在此，我要感谢我在伯克利遇到的所有老师、学生与工作人员。他们不仅给予了我热情友善的指导，还一周供应至少一次曲奇饼干。埃里克·希克勒（Eric Schickler）和罗伯·凡·豪伟林（Rob Van Houweling）点燃了我对国会研究的兴趣，并帮助我从工作实践中汲取了更多经验，没有他们的帮助，我就不可能写完本书。戈登·西尔弗斯坦（Gordon Silverstein）是我的朋友、导师，也是我见过的最好的老师之一。杰克·希特林（Jack Citrin）指导了我第一个重要的研究项目，并在我研究生学习的关键时刻给予了很多建议与支持。布鲁斯·卡因（Bruce Cain）对我充满信心，帮助我顺利进入伯克利学习。在我曾经的同事试图用工作将我"骗回"华盛顿时，尼尔森·波尔斯比鼓励我坚定从事学术研究的决心："和他们说'不'！"

同样需要感谢的是我在伯克利遇到的才华横溢的研究生们，他们如今已经在全美各地给自己的学生上课了。德文·考西（Devin Caughey）常常被我临时抓来审阅我的初稿,他给出的建议总是发人深思。我还要感谢布鲁斯·胡贝尔(Bruce Hunber)、亚历克斯·塞奥多里迪斯(Alex Theodoridis)、乔什·格林(Josh Green)、帕特·伊根(Pat Egan)、梅根·穆林(Megan Mullin)、安杰洛·冈萨雷斯(Angelo Gonzalez)、艾莉森·加什(Alison Gash)、吉尔·格林利(Jill Greenlee)、马努基·梅特(Manoj Mate)、马修·赖特(Matthew Wright)、莎拉·雷克豪(Sarah Reckhow)、马特·格罗斯曼(Matt Grossman)、大卫·霍普金斯(David Hopkins)、约翰·汉利(John Hanley)、丽贝卡·哈姆林(Rebecca Hamlin)、阿曼达·霍利斯-布鲁特斯基(Amanda Hollis-Brutsky)、阿德里安·霍塞克(Adrienne Hosek)、克洛伊·瑟斯顿(Chloe Thurston)、艾琳·哈特曼(Erin Hartman)、瑞秋·凡思克-沃德(Rachel VanSickle-Ward)以及许多在这些年帮助我学习和成长的人。

能够在精神与物质双丰收的情况下从研究生院毕业,实为一件幸事,为此我要感谢所有在伯克利帮我达成目标的朋友。奈特·路易斯(Nat Lewis)、尼迪亚·麦格雷戈(Nydia MacGregor)、麦迪逊(Madison)和乔治娅(Georgia),以及"周四晚餐小组"为我提供了晚餐、威士忌和音乐(排序并不是每次都如此)。布伦特·布莱克比(Brent Blackaby)和拉里·黄(Larry Huynh)是我长期以来的伙伴与挚友。

这本书是在丹佛大学撰写完成的,许多优秀同事给予了我很多支持。我要特别感谢赛斯·马斯克特(Seth Masket),他帮忙审阅我的草稿,而且总能够给出有益的建议。我的本科生助教本·霍尔比利特(Ben Horblit)也提供了宝贵的援助,他的电脑魔法帮助我用自动化方式将修正案计入了预算程序。丹佛大学的亚历克斯·约翰逊(Alex Johnson)修改了我的终稿。此外,我还要感谢米兰达·雅威尔(Miranda Yaver)、安东尼·麦当娜(Anthony Madonna)、肯·肖茨(Ken Shotts)、弗朗西斯·李(Frances Lee)、格里高利·克格(Gregory Koger)和莎拉·宾德(Sarah Binder),他们阅读了本书最初的草稿,提出了有益的反馈。在许多人的帮助下,书中的错误大为减少。他们帮助我避开了潜在的陷阱,更清楚地表达观点。

最后,感谢我的家人,是他们无私的爱与支持伴随我走到现在。我的父母加里(Gary)与朱莉(Julie)、我的姐姐希瑞(Siri)和兄弟乔恩(Jon)是本书真正的作者,没有他们,这本书就不会诞生。乔恩也是一位政治学家,作为同行,他一直鼓励我,帮助我解决复杂的统计学难题,并且总能给出富有启发性的建议。当然,我还要感谢我的妻子丽贝卡,过去的每一天我都在想,能够遇到她,我是多么幸运。

第一章

参议院有限影响力理论

在国会大厦的圆顶下,短短的步道连接着两个截然不同的机构——众议院和参议院。《宪法》的起草者从一开始就在美国政治体系中为众议院与参议院设计了不同的角色与特点。众议院"应该直接依赖人民,对人民有亲密的同情",参议院则是为了远离公众的冲动情绪,"为了防止人民自己由于一时的谬误举措失当"。①

两院的设置体现了以上两个不同的目的。众议员的任期是两年,参议员是六年。众议员代表的是小型、同质化的地区,参议员则代表更为多样化的州人口。今天,我们仍能从众议院热烈、疾风骤雨般的氛围以及参议院保守、遵循传统的特点窥到当年《宪法》起草者的影响。其他关键性的差异并非源自《宪法》,而是两院实行的不同规则。相较于立法通过的效率,参议院更注重保护的是参议员个人参与立法的权利,而众议院则通过限制众议员参与立法的机会来加快议案通过的速度。这些规则,连同《宪法》设定的两院制度,赋予了参议院与众议院在立法过程中缺一不可的独特影响力。尽管如此,公众对参议院的认识比众议院要少得多。由于众议院人数众多、其实行严格的多数党控制原则有利于定量分析,所以研究众议院的学术专著层出不穷。相比之下,对参议院的研究就没那么丰富了。

近年来,这一趋势正在改变。国会的两极分化导致人们对参议院不同党派扮演的角色重新萌生了兴趣,关于参议院权限的讨论也越来越多。学者们普遍认为一个强有力的多数党更可能出现在众议院,因为众议院的规则更有利于多

---

① 《联邦党人文集》第52篇、第63篇。

数党进行控制(Aldrich and Rohde 2001；Cox and McCubbins 2005)。参议院则被认为是更为独特的机构，参议员个人的权利超越了其政党的影响力(Fenno 1989；Sinclair 1986；Smith 2005)。参议院的规则赋予了参议员进行无休止的辩论以及为任何议案提供修改意见的权利，这使得参议员个人就可通过拖延策略使参议院乱成一团，或者强行表决其所支持的政策。参议员享有的宽泛权限使得多数党必须和少数党密切配合以适应参议员个人的诉求，才能推动立法通过。

以上关于参议院的传统观点正在受到新证据的挑战，最近的研究揭示了政党影响参议院立法的一系列方式。有一部分学者认为，两党之争加剧了参议院的僵局，使得国家越来越难以解决关键性问题(Sinclair 2002)。随着妥协越来越难以达成，民主党和共和党往往利用参议院的规则来阻碍对方的行动，造成令人沮丧的立法僵局。另一部分学者认为参议院和众议院有很多重要的相似点(Den Hartog and Monroe 2011；Gailmard and Jenkins 2007；Monroe and Roberts 2008)，政党的领袖采取了新的立法策略来帮助通过多数党支持的议案。参议院的多数党往往会通过和少数党进行激烈的斗争取得胜利，而非接受妥协。

本书提供了关于参议院多数党角色的一种新观点，我称之为"有限影响力"理论(Hanson 2014)。我希望通过对参议院多数党年度预算审议程序的研究，来揭示其对立法结果拥有的重要但有限的影响力。年度预算议案很适合作为研究多数党权力的案例，因为它每年都会发生，可以借此观察多数党通过拨款议案的办法随着时间推移发生了哪些变化。通常，国会遵循被称为"常规决议"的预算立法通过程序，十多项政府开支议案会在众议院和参议院分别进行起草，然后被提交至两院辩论、修订，最终审议通过。本书向读者展示了参议院多数党是如何弃用"常规决议"操作，转而将议案打包成"一揽子议案"来操纵立法程序的。这种连环出击的做法帮助多数党限制了棘手的修正案，通过以减少全员参与立法的机会为代价促成预算通过。采用这种策略，多数党维护了自己的声誉，增加了议员连任的可能性，但无法系统性地确保自己的政策目标。

在过去的三十年中，参议院最占优势的政党通常会遵循"常规决议"的传统，而那些优势较弱、内部分裂且与少数党意识形态分歧较大的多数党会倾向于绕开这种做法。这种避免辩论、制定一揽子议案的做法不仅损害了立法程序的透明度，而且将决定权集中到了少数几个关键人物手中。这个发现看似与部分关于国会党派的理论相悖，但为解读党派权力提供了更宽广的视角。处于绝对主导地位的多数党不需要采取特殊策略即可达成自己的目的，而占较弱优势的多数党就必须运用自己的影响力来管理可能失控的局势。

在本章剩余的部分，我将为我的论点奠定基础。本章开头为读者提供了关于国会党派权力的概览，随后重点阐述关于参议院党派角色的辩论，并援引前参议院领袖特伦特·洛特以及其他政策制定者的发言为这场学术辩论提供更多的见解。之后，我解释了年度预算与开支立法程序，以及为什么学者将其视为解读国会大趋势的窗口。我将党派理论与一揽子议案的制定相结合，以展示参议院在《宪法》系统里的独特地位。最后，我列举了由新理论产生的一系列预设，并将在之后的章节中进行论证。

国会中的政党权力

我们形容国会中某个政党"强大"是什么意思呢？答案得从组成该政党的议员个人说起。自从大卫·梅休(David Mayhew)的《事关选举：美国国会的政治解读》(*Congress: The Electoral Connection*)以及理查德·芬诺的《委员会中的国会议员们》(*Congressmen in Committees*)出版以来，公众就常常将两院议员视为追逐明确目标的策略型演员。首先是获取连任，议员只有不断获得选区内投票者的支持，才能够实现连任。为了实现这一目标，他们会投票给能够赢得选民支持的事项，避免那些会为他们带来麻烦的事。他们借助新闻报道和媒体采访来扩大知名度，标榜自己的政绩。他们雇用专门的工作人员来解决选区内选民的难题(Fiorina 1989)，为建造桥梁之类的工程筹款，为执法机关采购设备(Evans 2004)，为竞选筹措资金等。除此以外，议员还有其他的目标，例如实行某项政策、在国会增强影响力等，但连任作为实现以上一切目标的前提，被提到了首要位置。

政党的价值在于帮助成员实现他们的目标。议员的政党身份相当于他们的"名片"，向选民传递他们的观点，帮助选民在大选时选出与自己意见相近的候选人(Aldrich 2011)。通过将自己与那些声名卓著的政党联系到一起，议员可以赢得更多选票(Cox and McCubbins 2005)。政党会为成员提供资金、人手以及竞选建议(Jacobson 2009)。此外，政党还提供了一个组织架构，帮助成员相互协作，完成常规立法目标。他们通过操纵议程来避免棘手的提案，推动自己支持的事项通过立法(Aldrich 2011)。

在国会，强势的政党最典型的特征即能够影响立法进程，帮助其成员完成立法目标(Aldrich 2011; Aldrich and Rohde 2001; Cox and McCubbins 2005; Kiewiet and McCubbins 1991; Krehbiel 1998; Smith 2007)。正如约翰·奥尔德

里奇解释的那样:"政党能够帮助成员完成共同的目标(且通过其他形式建立的多数派联盟无法达成此目标),可称之为'强势'。"参议院的100名议员理论上可以组成各种联盟来通过立法,很多时候这种联盟可以"推翻"多数党的权威。例如,49名少数党成员可以与2名多数党成员联合起来,通过一项遭到其余多数党成员反对的议案。

一个"强势"的政党能够影响立法程序,从而实现更有利于成员达成目标的结果。但并非所有的学者都接受政党能够有意识地操纵立法结果这一观点。基斯·克雷比尔(Keith Krehbiel 1992,1998)认为大多数的立法结果可以被解释为政党成员的选择,两党对于立法程序的影响最终被互相抵消了。在克雷比尔看来,一项由多数党60位议员投票同意的议案,仅仅反映了这些政党成员共同的倾向。政党的存在没有对投票结果产生刻意的影响。受到这一观点的挑战,很多学者在研究政党为其成员提供超出个人能力范畴的帮助时更为谨慎。此后,大量关于政党如何影响众议院的研究使多数学者相信,政党的确可以影响立法结果,至少在众议院确实如此(Aldrich 2011;Binder 1997;Cox and McCubbins 2005;Smith 2007)。在本章后面的部分,读者将会看到,相较于众议院,有关参议院政党影响力的争议要大得多。

关于国会政党理论的调查显示,对于在哪些情况下多数党能够影响立法结果以及这种做法是否有助于达成政策和选举目标存在广泛的争论。其中一项广为人知的理论就是"条件性政党政府"理论。这种理论认为,那些政见与少数党存在明显分歧且团结一致的成员会授权政党领袖干预立法结果以达成共同的政策目标(Aldrich and Rohde 2001)。史密斯提出的另一种理论则认为,"当政党人数较少或缺乏凝聚力,威胁到了投票获胜的可能性时",政党就会运用自身影响力去影响选举与政策目标,"弱势的多数党会产生这种需求"(Smith 2007,78)。第三种"卡特尔"理论认为政党成员有能力与意愿持续影响立法结果,借此巩固政党的声誉,寻求连任(Cox and McCubbins 2005)。以上三种理论框架的核心观点是不一样的。第一种理论认为占据绝对优势的多数党会运用影响力加强自己对议院的控制权;第二种理论认为岌岌可危的多数党会运用影响力避免失败;第三种则认为不论多数党优势大小,都会主动影响立法结果。

以上不同的论点揭示了政治学者研究中存在的一个普遍问题:将能够影响立法结果的政党称为"强势";反之,则称为"弱势"。这种笼统的形容将政党的特点与其影响立法结果的能力/意愿混为一谈,造成了一种错误的暗示:善于运用影响力的政党在其他方面一定也是强势的,例如人数、凝聚力等。这种结论默认了影响力是来自多数党的绝对优势的观点,却遮蔽了政党在何种条件下有意愿且有能力影响立法结果这一重要问题。正如史密斯指出的那样,一个强大、团结的政党也许不会干预立法结果,因为没有必要。"一个强大的多数党即使缺乏部分党内成员的支持,也能赢得获胜所需要的选票。一个具有凝聚力的多数党无须要求党内成员违背自己的意愿去投票。一个强大且具有凝聚力的政党最易于多数党领导。"(Smith 2007,78)

由这种"标准缩写术语"引发的最严重的问题是掩盖了真实的情况。例如一个小而分裂的多数党会发现自己在议会举步维艰,不得不通过操纵立法结果来避免可能的失败,但如果按照标准定义,这种情况下的多数党仍可被称为"强势"。一个强大团结的多数党,由于无须刻意干预立法程序,反而成了"弱势"的表现。原本用来简化问题的缩写术语现在反而引起了疑惑。我在本书中采取了一种更实用的方法,即以"强势"或"弱势"来指代多数党基于自身在议会的战略地位来完成本党立法目标的能力。强大团结的多数党为"强势",小而分裂的为"弱势"。在参议院,两党意识形态的巨大分歧可能会加剧少数党的反抗以及出现政治僵局的可能性,削弱多数党的优势。

我用"影响力"来指代多数党主动影响立法结果的行为。多数党的影响力可以是直接可见的,例如众议院的定案规则(禁止对某一议案再提修正意见的规定),也可以是非直接可见的,比如多数党的党内反对率。对于研究立法的学者而言,他们的任务是辨识不同形式的影响策略,在何种情况下多数党能够且愿意使用这些策略,以及最终能够达成怎样的目的。正如我在本书中所讨论的,弃用常规决议而采用一揽子议案是处于弱势的参议院多数党在面对投票困境时会采用的一种直接可见的策略。多数党对于立法程序的影响力会通过限制修正案、推动预算通过来帮助多数党达成选举目标,维护本党声誉。

我提出的政党权力的概念并不符合"条件性政党政府"理论或"卡特尔"理论,因为这些理论原本的分析对象是众议院而非参议院。一个主要的分歧点在于学者奥尔德里奇与罗德(2000;2001)预言多数党的同质化特点不仅赋予了多数党影响立法程序的能力,而且增加了干预手段的可见度。我在本书中提出,当多数党面临党内分裂的时候,他们更有可能将议案打包到一起。本书的写作目的之一是为了证明诸如"条件性政党政府"理论这一类有关政党权力的普遍概念并不适用于参议院,因为这些理论建立的时候没有考虑两院不同的运行规则。本书为创造一种能够分析多数党在参议院重要但有限的影响力,以及在何种条件下多数党会施加影响力的理论迈出了重要的一步。

多数党在参议院的影响力

关于参议院的传统观点倾向于强调多数党缺乏影响立法结果的能力。这种观点源自20世纪80年代,当时学者们开始注意到参议员越来越显著的个人活跃度。以往,议员们会尊重更为资深的议员,在委员会中勤勤恳恳工作数年以积累政治经验。新的参议员在风格上则更为独立进取。参议员在许多政策领域都非常活跃,积极制定修正案,或者公开发表与传统大相径庭的言论。在这个自由的政治竞技场中,参议员个人掌握着权力,多数党施加影响力改变投票结果的可能性显得十分小(Fenno 1989;Sinclair 1986;Smith 1989)。

个人主义风格盛行的参议院遵循着两条重要的原则:首先,参议院以不限制辩论著称,大多数议案是可以辩论的。在获得终结辩论的60张投票之前,参议员可以随心所欲地发言(Koger 2010)。其次,无论参议员和议案有无关联,他们都可以自由地提出修正案(Smith 2005)。① 这两条规则的叠加严重制约了多数党干预议程的能力,也就是说,多数党在参议院办理任何常规事务都不可能绕开少数党对立法议程强制进行干预。多数党只能通过与握有立法辩论权的少数党协商,达成"一致投票通过"来管理参议院。借用研究参议院的学者芭芭拉·辛克莱(Barbara Sinclair)的话来说,"确保参议院作为立法机构正常运作需要广泛的妥协,这意味着在一定程度上每个参议员的诉求都必须得到满足。有一定凝聚力的多数党可以不与少数党合作管理众议院,但参议院只有在多数党和少数党领袖协同一致的情况下才能顺利运行,尽管现实并不总是如此"(Sinclair 2005,13)。

传统观点认为,参议院规则最重要的作用之一是确保政策能够被公开讨论和决定,而不是仅仅依从多数人的意见(Smith 2005)。参议员有权修订任何获得多数支持的议案,必要时甚至可以无限期延迟议案。在缺乏有效控制议程的手段的情况下,获得多数党某些成员支持的政策有可能遭到修改,以满足其他参议员的需求,赢得议案通过所需的选票。对多数党来说,要避免投票表决那些他们不愿支持的事项也很困难。民主党在1996年就证明了这一点。他们对每一项进入参议院的议案都提出了增加最低工资的修正案,一度造成了参议院的停摆,直到作为多数党的共和党同意进行投票(Sinclair 2012)。修正案最终得到了通过。

---

① 修正案的"不相关"原则在一种情况下存在例外。根据参议院第16条规则,拨款议案的修正案必须与议案内容相关,否则参议员在辩论中可以提出异议。

随着国会政党内部越来越团结,政党间的意识形态差异越来越明显,学者们开始把目光转向研究政党角色的转换。最常见的结论就是,这种情况会造成议会的僵局(Brady and Volden 2006;Rae and Campbell 2001)。辛克莱解释,由于不同的政党之间的分歧越来越大,参议院正常运作所需达成的妥协变得越来越难以预测。由于参议员个人倾向或少数党的战略引发的拖延战术(或威胁使用拖延战术)现在已使参议院立法拖延变成了常态,迫使多数党必须寻求60张投票以终结辩论(Sinclair 2002)。在缺乏对场面有效控制的情况下,多数党通常都无力推动议案获得通过。辛克莱将参议院比喻为美国立法程序中的"咽喉",认为议案一旦通过了委员会,接下来"参议院就是立法程序中最大的阻碍以及最有可能发生摩擦的地方"(Sinclair 2002,258—259)。持有相似观点的还有史蒂文·史密斯,他研究了近几十年参议院为了加强多数党权力而实行的程序变更,得出结论:这一切都是一场"议会军备竞赛","少数党必须迅速采取阻碍措施,多数党则必须迅速遏制这种阻碍"(Smith 2010,1—2)。在一个两极分化的参议院,比起强势的多数党一统局面,两党僵持的情况更容易出现。

诸如此类的观点已经深植于有关参议院的传统研究中。学者们支持政党的重要作用,但他们不认为参议院多数党有控制议程的强有力手段,或者能够使政策结果偏向他们的意见。僵局的出现正是多数党无力掌控议程的典型证明。这种传统的观点已经受到了新一批学者的挑战,他们认为参议院多数党对于立法结果的影响力比以往所认为的更大。一本名为《为什么不聚会呢?》(*Why Not Parties*,Monroe and Roberts 2008)的论文集收录了这些"修正主义"的观察。门罗、罗伯茨和罗德在这本书的引言里认为政党的影响在参议院是可见的,即使并非像在众议院那样明显。书中的论文论证了一系列政党的影响,从"猪肉桶支出"(指议员在国会制定拨款议案时将钱拨给自己的选区或自己特别热心于的某个具体项目的做法)到参议院对议程的积极或消极控制。之后的学术作品深化了这方面的论证,并指出了在政党是否会通过影响立法程序来达成选举或政策目标这一问题上存在的争议。

弗朗西斯·李在她所著的《超越意识形态》(*Beyond Ideology*,2009)一书中支持政党的作用是制造冲突,完成选举目标。她认为政党维护本党名望、毁坏对手声誉是参议院主要的冲突来源。多数党的成员通常会在程序性的投票环节支持他们的领袖,确保对议程的控制权,而少数党的成员则希望能够迫使多数党对能够对多数党造成不利的事项进行表决,从而使后者难堪,破坏他们的行动。在李看来,这些做法不会为任何一方带来系统性的"政策胜利",实际上,大多数冲突缺乏清晰的意识形态作为基础。

其他学者认为,参议院多数党能够对议程进行相当程度的掌控。西恩·盖马德和杰弗里·詹金斯(Sean Gailmard and Jeffrey Jenkins 2007,698)描述了一种支持消极议程控制的"合并理论共识",并以参议院多数党遭到少数党反对的频率并不高于众议院多数党作为间接证据加以证明。邓·哈托格和门罗分析了参议院通过的修正案和法律的设计,得出结论:得以成功通过的法律往往与多数党的意识形态主张更为接近,"当需要推动提案进入立法程序的不同阶段时,多数党相比它的对手从不落下风,往往是占据优势的一方"(2011,185)。这些论点共同挑战了关于参议院的传统认知。参议院多数党可以避免讨论其不支持的事项,推动支持的提案获得通过,也就是说,参议院多数党拥有的影响力更接近于人们普遍认为的众议院多数党的影响力。

我评估了传统学术观点与修正学术观点对于参议院多数党的研究,得出的结论是两者都没能准确地概括多数党的影响力。从拨款议案审议程序中获得的证据显示,多数党影响立法结果的能力比传统学术观点认为的要强。多数党可以把议案打包起来以增加通过的可能性,并且减少修正案提出的机会——这是非常明显的积极议程控制和消极议程控制手段。但多数党由此获得的利益是受限的。几乎没有证据证明多数党可以像邓·哈托格和门罗认为的那样,在设立本党支持的政策方面获得系统性的胜利。在过去的38年中,一揽子议案更有可能获得两党的支持,而不是激发党派分歧。而多数党通过遏制修正案来避免讨论反对事项所达到的效果也是有限的,关于修正案的讨论虽然减少了,但并没有完全取消。最后,当多数党优势较小、内部分裂且面临参议院停摆的威胁时,它更有可能使用一揽子议案。对此最简单的阐述就是,当多数党对参议院的控制权受到威胁时,它对参议院议程的控制能力是有限的,这一点区别于众议院多数党。参议院多数党可以通过努力维护本党声誉来达成选举目标,但无法系统性地推进本党的政策议程。

政党领袖眼中的多数党权力

想了解更多关于参议院多数党权力的观点,有一种方法是和那些被推选管理参议院的多数党领袖交谈。采访提供了另一种形式的宝贵数据,多数党领袖的亲身经历对于研究者来说有着重大意义。理查德·芬诺的《钱袋权》(*The Power of the Purse*)、尼尔森·波尔斯比的《国会是如何运转的》(*How Congress Evolves*)以及理查德·霍尔(Richard Hall)的《国会参与》(*Participation in Congress*)就属于此类学术杰作,这些研究巧妙地展示了采访和其他数据收集相结合的形式相比单纯的数据收集更能提供深层次的见解，包括"关于预期、认知、态度、规范、角色、行为的概括，以及确保这些元素在政治体系中和谐共处的机制"(Fenno 1966, xxviii)[①]。在撰写本书的过程中，我采访了汤姆·达施勒与特伦特·洛特两位前任参议院多数党领袖，以及七位分别来自两院和两党的资深工作人员，他们在国会有着几十年的工作经历，在拨款议案领域有着丰富的经验。[②] 他们的叙述为本书的结论提供了宝贵的背景知识以及阐释性的引导。

在问及他们领导参议院的经历时，参议员洛特和达施勒的回答更接近于有关多数党影响力的传统观点，而非修正派观点。在参议员洛特看来，多数党控制参议院的手段少得可怜，多数党自身无法控制参议院，必须通过和少数党进行合作来确保参议院正常运作。

少数党领袖默认（领导参议院）是多数党领袖的责任。但大多数时候，多数党领袖实际拥有的权力只是议员对于这个职位的尊重以及个人的说服能力。他们不像众议院议长可以召集议案委员会，说"现在把这个议案提交上来，我不要修正案"。在众议院，你可以通过投票解决。你的政党会和你一起投票。你可以决定提案的内容，辩论的时间，以及基于什么理由需要修正案。这和参议院完全不是一回事。现在，参议员罗伯特·伯德(Robert Byrd)常常指责我试图改变参议院的规则，把它变成一个迷你版的众议院。但这不是我的目的。我的确不喜欢一团乱麻的参议院，可这就是现实。在我工作过的机构中，没有比参议院更依赖两党领袖力量和能力的了。（作者的采访，2012年3月7日）

同样，参议员达施勒也讲述了他在领导参议院时期为建立联盟所付出的艰辛努力。在他的讲述中，一项议案能够在参议院成功通过，首先必须表达议员们共同的愿望，其次得为提案走向成熟提供足够的思考时间，最后还得使议员们感到他们充分参与了立法过程(作者的采访，2012年2月15日)。这是非常具有挑战性的工作。参议员都是非常独立的，要领导他们就好比要把"一群青蛙装进独轮车"。在达施勒看来，多数党领袖有三种领导手段。最重要的是首先发言的权力，这能够使领袖在其他参议员发言前先发制人。"这是达成目标

[①] 理查德·芬诺在《钱袋权》一书的引言中写道："我听从了大卫·杜鲁门给政治机构学生们的建议，'尽量用定量分析，必要的时候再使用定性分析'。在研究国会拨款议案的过程中，这两者都是必要的。"他的观点在今天看来依然正确。

[②] 所有的引言都是从采访笔记或采访录音(仅包含多数党领袖)中逐字提取的。国会现任的工作人员通常不愿公布自己的姓名和职务细节，这是可以理解的。因此，我对他们的职务只做了大致介绍，并用字母A到G指代被采访者。所有采访都完成于2012年冬天。

的有效手段。"达施勒评论道。它的价值在于给予多数党提起一项议案的权力,通过设定议程来获取立法程序上的主动权。例如,多数党可以通过在提起议案的同时迅速提供一系列修正案来暂时遏制少数党提出的修正案。由于每个议案可以附加的修正案数量是有限的,多数党可以利用自己的程序特权,事先填满规定的修正案数量,这种策略被称为"填树策略"(Davidson, Oleszek, and Lee 2012, 243)。其次,达施勒强调作为多数党领袖,必须具备"为其他参议员帮忙的能力,不论是委员会的任务,还是帮助参议员在本州或是活动中筹款,向他们的选民演讲或会见"(作者的采访,2012年2月15日)。除此以外,还必须具有说服他人的能力。多数党领袖在采访的过程中表示,即使某项议案在参议院受到广泛的支持,通过立法程序仍然面临着困难。前参议院多数党领袖特伦特·洛特举了一个例子:

> 1996年,在我刚被选为多数党领袖的时候,有一次泰德·肯尼迪(Ted Kennedy)反对一项议案,他反对把议案提交到协商委员会。我把一位资深国会工作人员叫过来,对她说:"我想快点搞定这件事。"她回答说:"不行。""为什么不行?""有很多障碍,他可以要求审阅议案,为了避免陷入冗长辩论,我们得再有6~7张投票。"我说:"看着我的眼睛,我不在乎这件事是不是得耗到年底,现在就出去告诉他们,我们要把议案交到协商委员会,让他们现在就开始审议。"那时候差不多是晚上7点,我下楼去吃了晚餐,等到晚上9:20左右的时候,那位工作人员回来了,她告诉我:"参议员肯尼迪觉得可能不需要审议了。"果然,参议院随后又花了一周的时间推动议案,最后在下个周四以98:2的投票结果通过。为了一项本可以以压倒性优势通过的议案,参议院还得花上一周的时间闯过层层关卡,克服种种困难,才能最终达成目标。在参议院,想要推动一件事情最终完成是很困难的。这就是为什么多数党领袖或多或少得有一些来自少数党领袖的支持。(作者的采访,2012年3月7日)

诸如此类的故事向我们展示了参议员可以如何利用程序来阻碍议案在参议院通过,即使议案得到了大多数议员的支持。就像辛克莱所言,可能出现的政治僵局造成一种持续性的威胁,多数党领袖只能尽力通过说服以及与少数党或部分参议员达成妥协的方式来维持参议院的运作。尽管多数党有一些影响参议院议程的手段,但无力将权力的天平完全倾向自己一边。

多数党领袖的观点为关于参议院政党角色的学术辩论提供了帮助。多数党领袖对个人说服能力的强调,以及有效管理参议院的手段的匮乏,都促使我们必须从关于参议院的传统观点着手去分析。参议院的运行规则对多数党造成了严重限制,政治僵局是常见的结果。参议员洛特关于参议院议案的故事特别具有启发意义。他的故事一方面展示了参议院的规则会增加议案通过的难度,即使是那些受到广泛支持的议案,另一方面多数党可以运用自己的影响力来克服这些困难。这个故事的一个重要启示就是分析那些两党都无意阻碍的立法通过的过程,可以帮助我们更清晰地了解参议院多数党的影响力。

拨款议案就是符合条件的研究案例。通常来说,两党在通过议案、政府拨款上的诉求是一致的,即使在拨款议案细节上有所分歧。政治僵局会导致政府关门,这对双方来说都是不可接受的。通过开支议案通常需要多数党付出艰辛的努力,传统程序要求多数党为此辩论和通过十多项复杂的议案。参议院拨款委员会前任主席、阿拉斯加州共和党参议员泰德·史蒂文斯在成功通过拨款议案后,会在领带上贴上"无敌浩克"的图案来象征他为此付出的巨大努力。我在本书中分析了政党的特点是如何影响多数党控制参议院的能力以及对推动立法策略的选择。只研究拨款议案无疑会限制我研究参议院党派角色的视角,但正如李(2009)在她的著作《超越意识形态》中分析"好政府"的法律时所说的,根据选定特征分析部分法律子集(她的研究对象是非意识形态的议案)可以帮助人们了解党派权力鲜为人知的方面。

研究拨款议案可以帮助我们观察在不希望产生政治僵局的前提下,政党是如何影响立法程序的。接下来,笔者会回顾拨款议案的立法过程以及为什么综合拨款议案变成了其中的重要部分。随后,笔者会解释综合拨款议案的理论,分析为何政策制定者认为将议案打包的做法已经变得越来越普遍。最后,笔者会将这些观点综合起来,提出关于多数党影响拨款议案程序的新理论。本书会展现参议院中一个弱势、分裂、和少数党相对疏远的多数党是如何运用其有限的影响力,通过弃用常规决议,形成综合拨款议案,来为预算通过铺平道路,并减少可能的修订。多数党的这种做法保护了本党的声誉,但实现不了本党的政策目标。

预算与拨款程序

从很早以前,学者们就已经意识到研究拨款程序能够帮助了解一系列与国会有关的议题,包括政党角色、分配政治、冗长辩论等等(Aldrich and Rohde 2000; Evans 2004; Fenno 1966; Kiewiet and McCubbins 1991; Schickler and Sides 2000; Shepsle and Weingast 1981; Shepsle et al. 2009; Smith 2010; Stein and Bickers 1994a,1994b; Stewart 1989; Wawro and Schickler,2006)。由于拨款议案每年都要审议,学者们有更多机会来观察每年程序的变化,以解读国会的趋势及发展。拨款委员会通常被认为是国会中最有权力的委员会。詹姆

斯·麦迪逊在《联邦党人文集》第 58 篇中写道："事实上，这种掌握国库的权力可以被认为是最完善和有效的武器，任何宪法利用这种武器，就能把人民的直接代表武装起来，纠正一切偏差，实行一切正当有益的措施。"直到今天，也很少有人会对这句话有异议。纳税人的钱维持着政府的运行，包括项目支出、人员工资，甚至政府办公室的电灯。新的项目除非获得国会的拨款，否则就无法生效。国会限制联邦行动最行之有效的做法就是削减经费。就像宪法研究学者戈登·西尔弗斯坦（Gordon Silverstein 2009）指出的那样，越南战争并没有因为国会撤销《东京湾决议》而结束，最终战争终结是因为战争经费的削减。

今天，拨款委员会负责支配大约三分之一的联邦预算，在 2013 财年约为 1.1 万亿美元（根据国会预算办公室公布的信息[①]），其中包括了所有"可自由决定"预算支出，诸如国防、教育、科研或住房。预算其余的部分包括社保、医保、医疗补助和联邦债务利息。用于福利项目的开支通常被称为"强制性支出"。法律授权财政部为这些开支拨款，而无须经过国会每年的审议。

众议院与参议院的拨款委员会分别设立于 1865 年和 1867 年。委员会的早期历史主要是关于众议院，包括 1865～1921 年间委员会的开支权力是如何集中和下放的（Stewart 1989）。理查德·芬诺的《钱袋权》（1996）一书是研究两院拨款程序的经典著作。

芬诺通过广泛的案例研究以及对委员会成员的采访，剖析了 1947～1962 年间拨款委员会的活动。他所描述的拨款程序是有序且中立的。有关开支的权力被分散到了众议院与参议院下设的多个拨款委员会，在芬诺研究期间，这些委员会的数量从 9 个增长为 15 个。国会没有关于整体预算的框架，但委员会奉行的节俭原则有效地限制了联邦开支。直至今日，拨款委员会仍被视为是两党中立的，尽管和过去相比这种观点已淡化不少（Aldrich and Rohde 2000）。现在，拨款委员会通常被认为遵循着"普世主义"的做法，不分党派，利益均沾，以此尽可能地构筑联盟，以推动议案通过（Evans 2004；Madonna 2011；Weingast 1979）。[②]

[①] 道格·埃尔门多夫："在过去数年中可自由支配拨款的变化"，2013 年 3 月 26 日，国会预算办公室，http://www.cbo.gov/publication/44020，访问于 2013 年 7 月 24 日。

[②] 笔者的几个采访对象用了同样的话语："有共和党人、民主党人和拨款的人"，表示制定拨款议案的人没有明显的党派倾向。2004 年夏天，在为众议院少数党最年轻的成员——民主党众议员斯蒂芬妮·赫塞思·萨德林（Stephanie Herseth Sandlin）工作的时候，我第一次亲眼见证了拨款委员会的"两党合作"属性。拨款委员会的工作人员通知我们，根据共和党领袖的指示，新任众议员不再享有专项拨款，以防止她在选举的时候借此邀功。对此，共和党负责拨款的工作人员选择和民主党人合作，在建议拨款的时候不直接提萨德林代表的南达科他州大区。2005 财年的商务部-财政部与国务院议案的附属报告中建议司法部考虑为"明尼哈哈县"提供拨款，但没有指明它是位于南达科他州的。这也是名单上唯一一个没有标明所在州的县。见众议院报告 108—576，第 47 页。

现代预算程序确立于20世纪70年代。阿伦·威尔达斯基与内奥米·凯顿(Aaron Wildaysky and Naomi Caiden 2004)认为,芬诺描述的那种井然有序的预算程序在1996年《钱袋权》一书出版后不久就已濒于崩溃。缓慢的经济增速与不断上涨的政府开支不仅带来了赤字,还造成了由民主党控制的国会和共和党总统理查德·M. 尼克松(Richard M. Nixon)之间的新矛盾。国会的定位使其很难在这场辩论中挑战总统的观点。1921年的《预算与会计法案》将编制预算的专业人员集中到了联邦行政中,并将提出预算的权力交给了总统。国会缺少自己的预算专家,分权后的拨款程序使得国会议员很难明白权衡的必要性,以及如何设定和完成支出目标。为解决上述问题,国会于1974年制定了《国会预算与截留控制法案》。新的法案通过在国会设立预算办公室以及在参众两院设立新的预算委员会来加强国会在预算决议方面的能力,同时建立了一套关于编制年度预算的程序与时间表,并将拨款议案的撰写与通过纳入中央预算框架之内(LeLoup 2005;Schick 2007)。

《国会预算与截留控制法案》要求联邦预算的制定和通过必须在1月到新财年的10月1日之间完成。首先是年初总统向国会提交预算,国会两院就总统的预算提案进行表决,并在4月15日前通过预算决议案。预算决议案不具有法律效力,但为《国会预算与截留控制法案》第302款(a)项分配条例奠定了基础,规定了参众两院拨款委员会当年可用支出的总额。每个拨款委员会再在其下属的小组委员会(目前有12个)之间进行分配,这被称为第302款(b)项分配条例。每个小组委员会负责编写一项拨款议案,为联邦机构或所辖的项目(例如农业、军费等)提供经费。小组委员会不必完全遵照预算决议案中的建议,但如果拨款超过了小组委员会第302款(b)项条例的分配金额,可能会受到议程限制(Keith and Schick 2003)。

在参众两院,拨款议案的编制和批准遵循着一套严格的规范和传统,通常被称为"常规决议"(Oleszek 2007;Schick 2007)。根据"常规决议",众议院是第一个审议拨款议案的,众议院下设的小组委员会编写并批准每个拨款议案的初稿。拨款议案由众议院拨款委员会批准,提交至参议院进行辩论、修订,最终在夏初决议通过。程序的最后环节是参众两院举行会议解决分歧,将议案返还至各自议院进行最后投票。

1974年制定的法案现在已陷入一片混乱。参众两院通常会错过4月15日的预算决议案截止日期。经常发生的还包括参众两院之一(或两者)无法通过预算决议案,或两院无法就预算决议案达成一致。当这种情况发生的时候,两院的拨款委员会就无法获得关于预算分配的明确指导,拨款议案的编写和分配会变得更为困难。拨款议案通过常规决议获得批准的情况也越来越罕见。一位国会工作人员回忆说:"在以往,拨款议案审议程序是最可靠的,我们几乎每次都能按部就班地完成,我们总是将单独的议案提交至议院审议。"(工作人员访谈 E,2012 年)而今天,这已不再是国会常规的做法。

国会运行规则的一大重要变化是弃用常规决议。预算框架是国会分配权力以及影响政策方向的手段(Binder 1997;Stewart 1989)。常规决议是一个开放、被动的决策系统,赋予了两党普通成员参与立法的机会(Schick 2007;Green and Burns 2010)。拨款议案被逐项提交至议院,议员们可以通过发表言论、制定修正案和投票来表明立场、标榜成就。① 当常规决议遭到弃用时,部分拨款议案可能永远也不会被单独提交审议,议员们就失去了制定修正案或炫耀成就的机会。作为替代,议员们必须寻找通过预算的其他方式,最常见的做法就是将拨款议案打包到一起。

当常规决议遭到弃用时,通常会被两种一揽子议案取代:传统的一揽子议案和全年的持续决议。传统的一揽子议案指的是将两项或两项以上的定期拨款议案与无关的议案合并为一个立法文件。最有利于一揽子议案的情况是党派领导人将一组议案打包在一起,然后将这个一揽子议案带到议院进行公开辩论。议员们可以像往常一样提出修正案,尽管很多人抱怨说,一揽子议案只是在预算讨论将要结束时用来缩短辩论时间的。第二种制定一揽子议案的策略是当参众两院召开协调会议时——这是立法程序的最后一步——代表们会一起制定一份相同的议案由两院最后批准。政党领袖通常会找出协调会议中正在讨论的一项议案,然后将其他的议案附在后面。这种策略大幅减少了制定修正案的可能性,因为当会议报告呈送到参众两院进行最后审批时,已不能再进行修正了。② 这种做法对于任何未经讨论就被加入一揽子议案的提案的影响都是复杂的。③ 一般来说,这些提案会高效通过,因为议员只能针对现有的提案进行表决,没有机会进行修改。理论上来说,参议员可以无限行使他们的辩论权利,并

---

① 根据笔者在参议院工作的经验,年度开支议案的审议会为议员带来大量媒体曝光的机会,他们可以借此炫耀自己给所支持项目的拨款。从小组委员会批准议案到最终通过,拨款程序在每一个阶段都会召开新闻发布会公布拨款额度。

② 一旦出现参众两院参与协商的议员无法解决争议的情况,他们会将事项以"意见无法统一"报告给协商会议的与会者。如果出现这种情况,参众两院会分别就争议事项进行投票,直至达成妥协。

③ 据一位在国会长期任职的工作人员回忆,当他第一次目睹一份议案未经参议院审阅就直接纳入了协商会议的一揽子议案中时,他"被吓坏了"。他解释说:"参众两院每个人都可以参与讨论的就是拨款议案,如果取消了在拨款议案中制定政策的权利,就是取消了人们参与监督政府的权利。"(工作人员访谈 C,2012 年)

通过冗长辩论来否决包含多项议案的会议报告,以此保护他们提出修正案的权利,但这种做法的代价是高昂的,参议员的行为会被指责导致了政府关门。正如第五章中所描述的,由于11位民主党议员加入共和党议员投票终止辩论,参议院多数党领袖汤姆·达施勒通过冗长辩论阻止会议报告通过的做法最终失败了。1975～2012年间,共有8项一揽子议案作为协调会议报告被提交。

全年的持续决议与传统的一揽子议案有关,但两者来源不同。"持续决议"(用国会山的行话叫CR)指的是通过延长上一年的拨款议案来为政府提供资金。持续决议是一种临时措施,由于国会在10月1日新财政年度开始之前未能通过常规的拨款议案,持续决议会为政府提供额外几周或几个月的资金支持。全年的持续决议会将前一年的拨款议案延长到本财政年度结束。理论上,这就意味着国会已经放弃了通过一套新的常规拨款议案。实际情况下,全年的持续决议通常包含新的立法提案或常规拨款议案的全文,从实际意义上来讲,同传统的一揽子议案并无区别。① 因此,在讨论持续决议时需要格外小心。我的方法是使用政策制定者的术语来描述不同种类的持续决议。"临时"持续决议是前一年拨款议案的简单延伸,通常持续数周或数月。一项"干净的"持续决议(临时或全年)只包含前一年拨款议案,没有新的立法提案,而"立法"持续决议(笔者自创的名词)则包含了新的立法提案。

在本书的采访和案例研究中,政策制定者通常将持续决议描述为为了阻止一揽子议案通过而采取的不受欢迎的替代方案。政策制定者担忧的是,国会通过一个"干净"的持续决议来保持政府的运行,但同时也阻止国会议员提交新的立法提案,使他们无法资助新的项目、修正现行的项目,或向联邦机构提供指导。由于"干净"的持续决议非常不受欢迎,在现实中很少有全年的持续决议是"干净"的。例如,H. J. Res. 395是1988财政年度的一个持续决议,完全由常规拨款议案组成,而非旧议案的延伸②;又如H. R. 933,2013年的"巩固与继续拨款议案"取代所有12个常规拨款议案③。该持续决议在2012年拨款议案的框架和条款下,为5项议案提供了立法草案,并为余下的7项议案提供了资金(包

---

① 常规拨款议案也可通过引用名称(而非全文)的方式加入持续决议。在这种情况下,如果持续决议中提到了某项议案的具体编号,该议案即被视为通过。例如,1986财年的持续决议H. J. Res. 465中包含了协商会议中最终定稿的农业议案H. R. 3037,"这就相当于这项议案成为法律"。

② "6 039亿美元一揽子拨款议案获得国会通过",《国会年鉴1987年》,第43版,第480～488页(华盛顿特区:国会季刊,1988年)。http://library.cqpress.com/cqalmanac/cqal87-1145568。

③ 见莎拉·查克与艾米丽·霍尔登:"持续决议波澜不惊地抵达了奥巴马桌上",《国会报道周刊》(CQ Weekly),2013年3月25日,第580～581页。http://library.cqpress.com/cqweekly/weeklyreport113-000004245454。

括数页例外条款）。近年来，"最干净"的持续决议是为 2007 财政年度提供资金的 H. J. Res. 20，它取代了基于 2006 财政年度权限与条件的 9 项常规拨款议案，但增加了超过 50 页的新的立法草案来规定例外情况、新的资助标准以及在何种情况下可以进行开支。在过去 40 年中的绝大多数持续决议都是新的立法提案与旧的拨款议案的结合体。

像一揽子议案一样，持续决议通常可以在参议院进行修改，除非以会议报告方式提交，或已经达成了一致。例如，H. R. 933（前文已述）在参议院进行了修改，并制定了限制美国国家科学基金会向促进经济或国家安全的政治学项目提供科研资金的条款，这使得很多政治学者颇为懊恼。与一揽子议案一样，议员们经常抱怨他们辩论和修正一项持续决议的机会比起按常规顺序审议单独议案要少得多。

全年持续决议与传统的一揽子议案就像一对近亲，它们都对多项议案进行打包。它们有三个关键的相似之处：首先，政策制定者在采访中表示，比起全年持续决议与传统的一揽子议案，议员们通常更喜欢常规决议。其次，这两种打包议案的方式都是多维度的，它们通过建立新的议案或延续旧的议案来提供不同种类的预算。最后，这两种打包议案的方式都限制了议员参与立法的能力。我会在本章剩余的部分为这些观点提供进一步的支持。

表 1.1 通过援引 1996 年对 13 项拨款议案的辩论，解释了放弃常规决议和创建一揽子议案的做法。

表 1.1　　　　　　　　　　1997 财年拨款议案的立法历史

议　案	众议院表决	参议院表决	通过方式
农业部	通过	通过	常规决议
商务部、司法部和国务院	通过	否决	一揽子议案
哥伦比亚特区	通过	通过	常规决议
国防部	通过	通过	一揽子议案
能源与水利开发	通过	通过	常规决议
援外事务管理署	通过	通过	一揽子议案
内政部	通过	否决	一揽子议案
劳工部-卫生与公共服务部	通过	否决	一揽子议案
立法机构	通过	通过	常规决议
军事建设	通过	通过	常规决议

续表

议　案	众议院表决	参议院表决	通过方式
财政部	通过	否决	一揽子议案
运输部	通过	通过	常规决议
退伍军人事务部-住房和城市发展部	通过	通过	常规决议

一开始，众议院遵循常规决议通过了13项拨款议案中的每一项，并将它们提交给了参议院。到了参议院，常规决议就不管用了，参议院逐个通过了9项议案，但没有通过另外4项，涉及商务部、司法部、国务院、内政部、劳工部、卫生与公共服务部和财政部。正如第四章中详细讨论的那样，作为多数党的共和党面临着来自民主党的一大批修正案，可能会危及共和党的选票。作为对策，共和党的领袖在最终投票前将其中两项议案加入了一揽子议案中，再也没有单独进行审议。

政府的开支必须每年拨付，参议院未能就4项议案进行投票意味着政党领导人必须找到另一种通过预算的方式。在这种情况下，共和党领袖选择使用国防议案作为基础来创建一个一揽子议案。

国防议案已经由参众两院通过，进入了最后的协调会议阶段。共和党将未通过的4项议案与援外事务议案添加到国防议案的会议报告中，成为一揽子议案。这项策略意味着，参议院永远无法对没有提交辩论的议案进行单独审议。[①]两院最终以极少的辩论以及两党的共同支持通过了这项一揽子议案。其他剩余的议案都以常规决议的方式通过了。研究这个例子的意义体现在几个方面：首先，众议院成功经由常规决议通过议案，但参议院没有。在这种情况下，参议院多数党无法终止提案，也担心由参议院修正案这一公开程序可能导致的政治损失。其次，多数党的行动的结果是成功通过了由两党支持的预算。从投票形式来说，没有证据显示多数党通过这种策略取得了压倒性的政策胜利。事实恰恰相反，正如第四章所解释的，许多人将这项议案视为民主党总统比尔·克林顿的胜利。最后，参议院多数党的行动削减了议员提供修正案的机会。放弃常规决议、创造一揽子议案创造的净效应是给了多数党对于立法程序重要但有限的控制权——通过预算，避免某些艰难的投票，并且能够继续保存实力来日再战。一揽子议案出现的年份通常都遵循了这样的规律。当参议院多数党预

[①] 通常这项策略会阻止议员对一揽子议案提交修正案，因为一揽子议案会议将以协商报告形式提交议会。根据第四章所述的理由，最终版一揽子议案允许修正，但两党达成协议避免了这种行为。

感到自己即将失去对参议院的控制时,就会弃用常规决议,转而采用一揽子议案来摆脱面临的困难。

表 1.2　　　　　　　　年度拨款议案的命运,1975~2012 年

年份	一揽子议案号	无全院投票（众议院）	无全院投票（参议院）	一揽子议案包含的议案数量
1975	常规决议	0	0	0
1976	常规决议	0	0	0
1977	常规决议	0	0	0
1978	常规决议	0	0	0
1979	众议院联合决议 440	1	1	2
1980	众议院联合决议 644	1	4	5
1981	众议院联合决议 370[a] 众议院联合决议 409	1	4	3
1982	众议院联合决议 631	3	7	6
1983	众议院联合决议 413	1	2	3
1984	众议院联合决议 648	3	5	8
1985	众议院联合决议 465	1	3	7
1986	众议院联合决议 738	2	6	13
1987	众议院联合决议 395	3	3	13
1988	常规决议	0	0	0
1989	常规决议	0	0	0
1990	常规决议	0	0	0
1991	常规决议	0	1	0
1992	常规决议	0	0	0
1993	常规决议	0	0	0
1994	常规决议	0	0	0
1995	众议院议案 3019,参议院议案 1594	0	1	5
1996	众议院议案 3610,国防部[b]	0	4	6
1997	常规决议	0	0	0
1998	众议院议案 4328,运输部[c]	1	3	8
1999	众议院议案 3194,哥伦比亚特区[c]	1	0	5

续表

年份	一揽子议案号	无全院投票（众议院）	无全院投票（参议院）	一揽子议案包含的议案数量
2000	众议院议案 5477,劳工部[c,d]	0	2	3
	众议院议案 4635,退伍军人事务部-住房和城市发展部			2
2001	常规决议	0	0	0
2002	众议院联合决议 2[e]	8	10	11
2003	众议院议案 2673,农业[c]	0	1	7
2004	众议院议案 4818,援外事务管理署[c]	1	7	9
2005	常规决议	0	0	0
2006	众议院联合决议 20[e]	1	8	9
2007	众议院议案 2764,援外事务管理署	0	5	11
2008	众议院议案 1105[e]	11	12	9
	众议院议案 2638,国土安全[d]			3
2009	众议院议案 3288,运输部-住房和城市发展部[c]	0	3	6
2010	众议院议案 1473	10	12	12
2011	众议院议案 2112,农业部	6	11	3
	众议院议案 2055,退伍军人事务部[c]			9
2012	众议院议案 933	5	12	12
	总 计	60	127	190

a. 众议院联合决议 370 提供拨款至 1982 年 3 月 31 日,众议院联合决议 409 提供拨款至相应财年结束。

b. 在通过众议院议案 3610 之前,参议院通过了一项相同的议案(众议院议案 4278),议案 4278 是可修正的,且在议案 3610(一项包含一揽子议案的无法修正的会议报告)之前就已提交到了参议院。议案 4278 是基于两党达成的共识;避免在参议院开审议无法修正的一揽子议案的先例。后来,参议院放弃了这项程序,没有修正可能性的一揽子协商会议报告也被允许提交至参议院。

c. 协商会议上制定的一揽子议案。

d. 国会在 2000 年、2008 年、2011 年通过了两个单独的一揽子议案。

e. 由下一届国会通过的一揽子议案。

议案名称(国防部、劳工部等)表示的是一揽子议案附着的某项常规拨款议案。

表 1.2 显示了从 1975 年到 2012 年拨款议案立法程序的规律。在列入研究的 38 年内,其中 24 年国会部分或全部放弃了常规决议。参议院带头不对单项拨款议案进行投票。在全部 485 项议案中,参议院未投票的议案有 127 项(占 26%),相比之下,众议院未投票的议案只有 60 项(占 12%)。总共有 190 项议案(占 39%)被纳入了一揽子议案①;另有 295 项(占 61%)通过常规决议得以通过。这段时间内,有过两波一揽子议案涌现的高潮。第一波高潮从 1979 年到 1987 年,第二波则是从 1995 年到今天。在第一波高潮中,国会将临时持续决议的做法变为另一种机制,即向政府提供全年资金支持,同时颁布未能在常规决议中通过的议案。从 1979 年到 1981 年,持续决议都是"干净"的——长度只有几页,内容仅限于对上一财年拨款议案的公式化延续。从 1982 年起,持续决议的页数开始增加,内容开始涵盖重要的新立法条款或拨款议案的全部内容。② 这些立法性质的持续决议被提交到参众两院,按照正常的程序进行辩论。在第一波高潮结束时,这些打包的议案已经一改初衷,内容完全由新的立法条款组成,而非对上一年拨款议案的延续。③ 在第二波高潮中,打包的议案作为原始立法文件或持续决议被提交至参众两院并以正常的程序展开辩论。其他时候,一揽子议案会在协调会议上制定,然后作为不可修正的会议报告提交给两院。

一揽子议案的起源

由以常规决议通过议案向创建一揽子议案转变是一个现代现象,是自 1974 年《国会预算与截留控制法案》通过以来在拨款议案立法程序方面发生的最重要的变化。在本书研究的历史阶段之前,只有 1950 年通过了一次一揽子议案。由于受到议员们的严厉谴责,这种做法没有沿用下去(Nelson 1953)。过去,很少有人研究一揽子议案在过去 40 年不断涌现的原因(但可参考 Hanson 2014,Smith 2014)。格伦·克鲁兹(Glen Krutz 2000,2001a,2001b)此前对一揽子议案做了一些很好的研究,但并没有专门对拨款议案进行研究,距今也已有多年了。芭芭拉·辛克莱(2012)在她的著作《非正统立法》(*Unorthodox Lawmak-*

---

① 出于统计的目的,笔者数了数一揽子议案中的议案总数(有些是延长拨款时限,有些是用新的立法表述),例如,此前讨论过的 H.R. 933 包了 5 项修改立法表述和 7 项延长拨款期限的议案,则将此一揽子议案视为包含 12 项议案。

② 见杰西卡·特勒斯特普:"持续决议:内容组成与最新实践概览",《国会研究服务》(*Congressional Research Service*),2012 年 8 月 6 日,第 17 页。

③ 尽管持续决议已经不再是单纯的、延续上一年拨款议案的决议,国会仍继续将其称为"持续决议"。

ing)中提及了综合拨款议案,但没有详细研究它们出现的原因。令人惊讶的是,如此常见、有争议、具有重要影响的立法手段在过去关于国会的研究中竟然遭到了长期忽视。本节将梳理现有学术著作,总结已知的关于一揽子议案的起因和影响的观点。笔者将通过与政策制定者的访谈来对这些观点进行补充,向读者展示综合拨款议案背后的动因。

关于国会议员决策方式的理论研究为我们理解打包议案的优势提供了一些有用的视角。一种常见的做法是通过假设国会议员按照他们的政策偏向,以从左到右的线性排列来模拟政策制定。国会采纳政策的可能性取决于某项政策与其替代方案(比如维持现状)在线上距离通过政策所需的"决定性"投票者的远近(Krehbiel 1998)。这个模型的复杂性在于否决点的出现(例如第60张投票可以阻止冗长辩论,第67张投票可以推翻总统否决)造成了很大的僵持区,没有议案能够通过(Brady and Volden 2006)。

这种研究方法模拟了议员在考虑单一政策层面,比如国防开支时,彼此之间的动态。决策的动态在国会考虑2~3个政策层面时会大幅变化,一揽子议案创立时也是如此。人们长期以来都认为,相比一次只考虑一项政策,同时考虑几个政策层面容易破坏将形成的投票联盟。不同的政策可以以多种方式组合在一起,更容易吸引大多数人的支持,即使将其中的某一项拿出来单独考虑时可能会通不过(Black 1958;Riker 1982;Shepsle and Bonchek 1997)。一些国会议员可能会反对社会福利计划而支持国防开支议案,其他人可能希望支持社会福利计划,并希望削减国防预算。单独投票的话,为某一项政策提供预算的议案可能会面临投票僵局。两者结合的议案给两个阵营都提供了可支持的选项,从而能打破僵局。这是当代观察家认为一揽子议案的优势所在。"把议案打包可以帮助领袖获得支持。在这种大型议案中,可以通过增加好处来吸引支持者,无法单独获得多数支持的条款则会被隐藏起来。"(Davidson,Oleszek,and Lee 2012,172)

格伦·克鲁兹对一揽子立法的考察是关于国会打包议案的原因和影响方面迄今最全面的研究。他发现,一揽子议案往往是为克服困难而创建的(Krutz 2001b)。其他背景因素诸如严重的预算赤字、政府分裂、国会控制权的分裂、少数派的阻碍都使立法环境充满挑战,立法通过难上加难。党派领袖在面对困难时会选择将议案打包在一起,在面临反对时就更是如此(Krutz 2001b)。"一揽子议案是控制议程和组建联盟的工具,创建的原因是为了通过原本可能存在不确定性的议案。"(Krutz 2000,533)辛克莱在《非正统立法》一书中讨论了综合拨款议案,得出了相似的结论:在审议单独拨款议案时,分裂的政府、两极分化的政党、赤字政治以及"严重的政策及政治问题"导致了综合拨款议案的出现（2012,116）。这些研究表明,当政治环境中的背景因素增加了立法通过的难度时,一揽子议案更有可能出现。当时事艰难时,一揽子议案就变成了对策。

打包议案的作用引出了一个重要的问题：为什么不一直这么做呢？原因之一是一揽子议案在国会议员之间具有争议(Davidson, Oleszek, and Lee 2012)。克鲁兹的理论认为,普通议员在决定是否要支持一揽子议案时会先计算得失。一揽子议案会为他们分别带来利益,增加再次当选的可能性,同时给予多数党成员实现政策目标的机会。另外,"议员们失去了参与度与影响力"(Krutz 2001b, 212)。辛克莱同样发现一揽子议案即使能够进行修正,也"降低了对立法条款进行仔细审议的可能性,并减少了普通议员广泛参与立法的机会"(2012, 111)。

这些研究表明,一揽子议案在立法遭遇困难时会更多地被采用,因为这种情况下国会议员更愿意咽下自己的反对意见,接受有限的立法角色来实现目标。与此相关的一项推论是,议员们对如何追求自身利益的考量会限制政党领袖提出一揽子议案的能力。一揽子议案对于政党领袖而言是方便的解决问题的工具,但多数党成员并不是一直愿意接受由此对他们参与立法程序所造成的机会成本。

这些假设为研究综合拨款议案的制定提供了一个有益的框架。首先,对参议院在制定一揽子议案中的特殊角色进行分析需要考虑到背景因素的影响,比如国会控制权的分裂,众议院和总统的角色。其次,普通议员并不倾向于创建一揽子议案。议员们意识到一揽子议案会削弱他们获取政绩的机会,他们的选择会限制政党领袖创建一揽子议案的能力。最后,一揽子议案源自立法艰难的时期,当议员们有可能无法达成立法目标时,他们就会转而采用一揽子议案。

来自国会山的观点

以上的框架提供了一个很好的起点,但还需要和预算立法程序的特殊情境相结合。这就是我在本章最后两节的目标。本节将通过与政策制定者的访谈来揭示关于一揽子议案起源与影响的研究发现。之后一节会将受访者的观点与以往的研究相结合,探讨一个更大的命题：参议院多数党成员是如何管理拨款议案程序来帮助自己实现立法目标的。

根据政策制定者的解释,多数党一开始是每年采用常规决议来通过拨款议案的,但当遭遇立法困难时,就会抛弃这种策略,转而使用一揽子议案。一个长期在国会工作的人表示："在我的记忆中,每年一开始,多数党就没有把一揽子议案作为目标。"(工作人员访谈D,2012年)在参议员达施勒看来,议员们倾向于用常规决议来通过议案,但当他们面临困境时,就会转而使用一揽子议案。

"我认为(一揽子议案)并不是一个真正的决定。不断变化的一系列情况使你得出结论,你除了采用持续决议或一揽子议案就没有其他选择了。持续决议从来都不受欢迎,因为它仅仅是当前法律的延续,而你希望改变一些事情……所以,在这种情况下,议员们认识到在不适用持续决议的情况下,如果要通过议案,就只能选择一揽子议案了。很显然,议员们还是倾向于单独审议通过议案,采取那种做法只是因为做不到。"(作者采访,2012年2月15日)

根据参议员洛特的说法,参议院的典型做法是通过两党都支持的议案,但"那些会引起巨大分歧的就会被推到最后,他们把议案打包起来,批量提交"(作者采访,2012年3月7日)。

政策制定者们注意到,以常规决议通过议案的问题在参议院格外突出。有一位工作人员观察到,"为了避免一揽子议案,你需要单独通过12项议案,目前参议院……无法做到这一点"(工作人员访谈F,2012年)。第一个需要克服的就是可能出现的冗长辩论或搁置。一位工作人员回忆起在2010年审议一项能源与水利的拨款议案时的情景,该议案在众议院得到了毫无争议的支持,但在参议院却受到了重重阻碍。两位参议员因为不相关的原因搁置了该项议案。为此,多数党领袖哈里·瑞德"拼命工作"了一个月,才使得议案得到通过。对于参议院紧张的工作日程来说,给予所有的议案相同的时间是不现实的,这会导致其他的事项被挤下日程(工作人员访谈C,2012年)。

第二个难题是议员和他们的工作人员会将大量的修正案提交到参议院,而无视这些修正案能够通过的可能性或与当前议案的关联性,后面还需要协商、凑齐法定人数、投票(工作人员访谈B,2012年)。根据工作人员回忆,以前没有争议的军事建设拨款议案通常需要花费30分钟。就今天而言,如果参议院能够在一周之内通过议案,就堪称高效了(工作人员访谈A,2012年)。[1] 大量的

---

[1] 时任拨款委员会能源与水利附属委员会主席、新墨西哥州共和党参议员皮特·多梅尼奇(Pete Domenici)提供了一个很好的例证——多数党领袖弃用常规决议可能面临怎样的指责:2006年,对能源与水利以及另外7项议案都未能进行投票。当民主党在中期选举中夺取参议院控制权后,多梅尼奇在参议院发表了讲话:"某些媒体分析人士认为参议院害怕就拨款议案发起投票,担心投票会被用来在刚刚过去的选举中针对现任参议员。各种各样的理由都被用来解释为什么拨款议案被搁置一边。有些人担心对议案提交修正案会历时太久、耗费太多时间。修正案对于参议员可能是痛苦的抉择。有些投票放慢了进程,在选举宣传中出现得比较晚……在接受这份工作的时候,我就明白我需要依靠投票来做决定、做选择,并且我的决定可能会遭到一大群人的质疑。我拒绝承认参议院为了自救而进行了所谓的'艰难投票'。我们并没有投票……不是吗?看一看11月的选举结果,如果这是共和党自救的措施,那我们已经失败了。"(国会记录,2006年12月6日,S11268)

修正案为多数党制造了另一个难题：陷入投票困境的风险。参议员洛特解释道：

"随着时间的推移，拨款议案（因为我们通过的授权议案不多，参议员们消除沮丧并提交修正案的机会很少）变成了吸引修正案的磁石，同时也成为两党宣扬政治立场的机会。通过迫使对方在有争议的事项上进行投票（可能完全与待通过的拨款议案无关），使得任意一方的领袖都不愿意提起拨款议案，因为党内成员会借此对一些不必要的、政治性的或无关的修正案进行投票。"（作者采访，2012 年 3 月 7 日）

一位在 2012 年民主党控制的参议院待过的工作人员表示，关于内政的议案会使得民主党就全球变暖进行投票，关于国土安全的议案则会让他们就移民进行投票，尽管大多数多数党成员希望可以不讨论这些议案。遵循常规决议对于"掌权的党派而言非常困难"（工作人员访谈 A, 2012 年）。借用一位工作人员的话说，参议院领袖们得出的结论是"采用更简单的做法——我们不把这些事情带到参议院进行辩论"（工作人员访谈 C, 2012 年）。

与此相似的是，一位在参议院有着几十年关于拨款议案工作经验的工作人员回忆起与参议院多数党领袖比尔·弗里斯特（Bill Frist）、参议院拨款委员会主席萨德·科克伦（Thad Cochran）以及参议员明奇·麦康奈尔（Mitch McConnell）一起参加拨款策略会议的情景。科克伦提议按常规决议在参议院对全部 12 项拨款议案进行辩论，麦康奈尔提出了反对，担心"民主党会借此提出修正案，导致受到挑战的参议员不愿投票"。科克伦的回应——"任何由于给拨款议案投票而选举失败的参议员理应败选"，使这位工作人员非常满意，他是一位传统主义者，相信参议员应该保留对任何议案进行辩论的权利，他说："我简直想亲吻他。"然而，科克伦的观点对于多数党领袖弗里斯特就没那么有说服力了。议案最终没有进入参议院进行辩论（工作人员访谈 E, 2012 年）。

政策制定者们认为，一揽子议案为解决这些困难提供了出路。把议案打包到一起会帮助多数党克服投票僵局，因为相比单独的议案，一揽子议案能获得更广泛的支持。"事实上，这是一种建立联盟的做法，"前多数党领袖、参议员汤姆·达施勒表示，"把议案打包到一起，你就提高了投入的级别。"对于面临艰难立法处境的政党领袖来说，这无疑是一首诱人的"塞壬之歌"，"只有通过一揽子议案这种形式才能达成目标"（作者采访，2012 年 2 月 15 日）。第二种目的更少为人所知：为了抑制参议员提交的修正案的数量。根据达施勒的观点，这是将议案打包产生的副作用，当议员们讨论一揽子议案时，时间更为紧张，他们必须更为谨慎地选择进行哪些斗争（作者采访，2012 年 2 月 15 日）。一揽子议案使流程更为顺畅，并且在一定程度上避免了问题重重的修正案。

采访显示，当政党领袖们建立一揽子议案时会面临两种限制因素。其一是拨款委员会的强势成员通常会反对这种做法。负责起草各项议案的小组委员会主席握有相当大的权力，并且将起草议案和控制议案通过视为自己权威的一部分（工作人员访谈 B，2012 年）。"拨款委员会可能是目前参议院中唯一真正起到作用的组织了。"（达施勒与作者的谈话，2012 年 2 月 15 日）如果议案没有提交到参议院进行辩论，参与起草拨款议案的人就觉得他们失去了作用。一位工作人员表示："如果议案没有提交到参议院进行辩论，参与起草拨款议案的人往往是最失望的……对于他们而言，常规决议就是天堂。"（工作人员访谈 F，2012 年）。描述得更形象一些，让拨款委员会制定一揽子议案简直是"不可忍受的痛"（工作人员访谈 B，2012 年）。

第二个限制因素是一揽子议案通常不是普通议员的选择。根据达施勒的观点，常规决议对于普通议员而言，"给予了他们专注于通过有关某一重要领域的议案的充分自主权。相较于打包议案，议员们有更多机会对单独的议案提供指导性意见"（作者采访，2012 年 2 月 15 日）。参议员洛特观察到，"委员会成员们不喜欢一揽子议案。首先，这是承认失败。其次，除非你是主席或者资深成员，否则你根本不知道这么多议案里都写了些什么……他们知道一揽子议案不是最理想的立法方式，对于这种程序往往感到非常烦恼"（工作人员访谈 A，2012 年）。

政策制定者的观察与之前提及的观点是一致的——参议员在决定是否弃用常规决议时会首先权衡利弊。常规决议的一项风险是，参议员会被要求就修正案进行投票，这会带来政治上的不利影响。用参议员洛特的话来说，采取常规决议"需要勇气，因为参议员必须投票。事实上，他们并不喜欢这么做，尤其是面临选举年的时候"（作者采访，2012 年 3 月 7 日）。一揽子议案减少了议员为棘手的议案投票的可能性，但同时也削弱了他们参与立法过程的能力。一揽子议案使得议员们觉得被限制住了（工作人员访谈 A，2012 年）。如果单独的议案没有被提交到参议院，"就相当于 70 位参议员都被剥夺了公职"（工作人员访谈 D，2012 年）。一揽子议案"限制了你制定修正案的权力，也因此被大多数参议员视为双刃剑，"参议员达施勒表示，"你会被迫放弃对拨款和政策的影响力。"（作者采访，2012 年 2 月 15 日）

常规决议中出现的僵局会引起另一种担忧：一项间接但后果严重的风险是由于无法通过预算而导致政府关门，这会对党派的声誉造成严重的损害。"这对我们而言是灾难性的。"一位资深工作人员如是说（工作人员访谈 F，2012 年）。据参议员达施勒的观点，被指责导致政府关门意味着"巨大的政治责任"。

充满激情的新议员有时会轻易发出让政府关门这样的威胁,但根据工作人员的观察,两党富有经验的议员更不愿意见到政府关门,如果政党判断错误,这种结果确实是有可能发生的(工作人员访谈 A,2012 年)。一位工作人员将 1995 年到 1996 年冬季发生的政府关门事件与南北战争中的皮克特冲锋类比,"如果政府在金里奇手下关门了,我们无异于被屠戮了"(工作人员访谈 F,2012 年)。参议员洛特就此补充道:

> 在纽特·金里奇(Newt Gingrich)领导国会的时候,共和党曾试图以政府关门来对抗总统克林顿。于是,我们就关门了,结果没有影响到克林顿,倒是把自己害得够呛。因此,共和党现在比以前要敏感得多。民主党明白这是在玩俄罗斯轮盘赌,你转动枪膛,希望子弹射中对方而不是自己。但这是不明智的做法,会引起美国人民的焦虑。他们不知道到底发生了什么,但感觉就是不太妙。他们担心纪念碑和公园会关闭,联邦雇员会下岗。这对人民来说是很糟糕的经历。(作者采访,2012 年 3 月 7 月)

采用一揽子议案来避免投票僵局可以帮助多数党避免因为政府关门而名誉扫地。

前文提到,一揽子议案会抑制修正案的出现,政策制定者们也常常抱怨打包的议案严重倾向于一党利益。有趣的是,两党和两院的工作人员都认为多数党在议案中追求符合本党政策目标的能力是有限的。任何一党都有一些成员会投反对票,因此议案的通过必须赢得两党的支持。"想以一党之力通过议案是很困难的。"(工作人员访谈 G,2012 年)另一些政策制定者说得更直白:"你有一个很棒的议案,但如果通不过,就太糟糕了。要用它来达成本党目标,代价是高昂的。"(工作人员访谈 B,2012 年)太偏向于一党利益的议案会达到一个临界点,导致议案无法通过。有工作人员表示,"在一揽子议案中,没人是真正的赢家"(工作人员访谈 F,2012 年)。[①]

参议院的"有限领导力"理论

在本章的上一节,我援引一些观点解释了多数党在参议院拨款立法过程中的"有限影响力"理论,目的是展示多数党在拨款议案上拥有多大的影响力,以

---

① 参议员在形容一揽子议案时常用的措辞符合其"两党支持"属性。佛蒙特州民主党参议员帕特里克·莱希(Patrick Leahy)如此形容 2004 财年的一揽子议案:"这不是我个人……或我们中任何一位作为独立的立法者会起草的内容,但在经历了多年的预算僵局之后,我们希望制定的是能够通过的议案。"(国会记录,2014 年 1 月 16 日,S418),议案最终以 72 票得到通过。

及在何种情况下这种影响力出现的概率更高。该理论的第一个论点是参议院多数党在影响参议院立法结果方面有着重要但有限的影响力。有限影响力理论认为多数党影响立法结果的能力介于传统观点(立法结果由公开投票决定)与修正派观点(多数党对参议院议程有着强大的掌控力)之间。多数党可以使预算通过更为顺利,限制修正案的出现,但这种影响力是为选举目标服务的,是为了保护本党声誉而非达成政策目标。第二个论点是当多数党在参议院居于战略劣势时,更倾向于使用这种影响力。议员们倾向于使用常规决议来通过议案是因为他们参与立法的能力会由此最大化。当使用常规决议的代价高于将议案打包时,他们就转而采用一揽子议案。下面我会逐一分析这两个论点。

首先,多数党的影响力大部分来源于弃用常规决议与创建一揽子议案的组合效果。当多数党选择不通过常规决议审议拨款议案时,它就在进行消极的议程控制,限制议员们参与立法过程的机会,减少修正案获得的总票数。这种影响力是有限的,因为虽然多数党限制了修正案获得的票数,却无法完全避免投票。多数党将议案打包则是积极的议程控制手段,因为这种策略能够避免陷入投票僵局,帮助预算顺利通过。但这种影响力也是有限的,因为多数党无法利用一揽子议案来颁布本党倾向的政策。恰恰相反,一揽子议案促成了两党成员结盟与互相投票,以推动预算通过。

需要注意的一点是,在有限影响力理论中,修正案的减少是由于多数党通过操纵削减了议员提出修正案的机会和动机,而不是由于弃用常规决议改变了参议院的运行规则。参议员们保留着提出修正案的权利,并且理论上能够通过采用冗长辩论的做法来保护自己的权利。修正案减少的第一个原因是多数党在常规决议中不将拨款议案提交到参议院进行辩论。没有经过辩论的议案是不能修正的。这种情况出现时,修正案就会减少,除非接下来对于一揽子议案的辩论能够像常规决议中审议单独议案那样提供修正的机会。但大量证据证明现实并非如此。政策制定者与学者都发现一揽子议案的"最后一刻出现"的性质以及它们涵盖的大量内容会减少修正案的数量。如果一揽子议案是以会议报告的方式提交到参议院或者多数党采取了填充策略,修正案就变得更不可能了。尽管参议员可以使用冗长辩论的手段来阻止这种行为,但本书中研究的案例证明了通过冗长辩论来阻止会议报告的通过不仅代价高昂,成功率也很低。[1]

---

[1] 在有限影响力理论中,多数党为了满足选举目的(而非政策目的)会弃用常规决议。笔者并不认为多数党可以通过限制修正案系统性地达成政策目标,这么做更多是为了避免陷入"艰难投票"。与上述分析一致的是,冗长辩论也很难持续,因为参议员会因此背负阻碍预算通过的责任。此外,如果有足够的议员支持最终版议案,辩论也会就此结束。

第二个观点是当参议院多数党相对弱势、容易受到攻击时，他们更倾向于弃用常规决议，转而创建一揽子议案。议员们明白他们通过预算的两大主要策略的成本和收益会随着多数党在参议院战略地位的变化而变化。当多数党人数众多、团结一致、和少数党关系较为融洽时，议员们会认为使用常规决议单独辩论拨款议案的做法最符合谋求连任和颁布政策的目标。当多数党规模较小、较为分裂、与少数党的关系更为疏远时，使用常规决议的成本就增大了。议员们会比较单独就议案进行辩论所获得的利益与这种做法对本党声誉和连任目标带来的风险。公开的修正案程序会使议员被迫对那些在政治上不利于自己的事项进行投票。他们可能会被少数党压制，或者由于内部分裂或少数党的对抗而陷入投票僵局，面临导致政府关门的风险。当议员们认为使用常规决议的代价已经高于一揽子议案时，他们会更愿意接受一揽子议案对他们参与立法能力造成的限制。

由本理论得出的基本推论将在之后的章节中得到验证。首先，必须有证据表明议员们倾向于选择常规决议。比起一开始就创建一揽子议案，政党更希望能够通过常规决议来提交议案并进行辩论。其次，弃用常规决议与多数党的优势必须成负相关，这种做法可能与参议院少数党的对抗、少数党提交的棘手的修正案以及多数党的党内分裂有关。再次，必须有证据证明弃用常规决议会减少修正案的出现，帮助预算顺利通过，以及一揽子议案通常能获得两党的支持。最后，其他背景因素，例如选举、赤字、国会控制权的分裂、政府的分裂都有可能导致一揽子议案的创建，因为这些因素加剧了一个相对弱势的多数党面临的困难。

另外，别忘了参议院只是美国《宪法》体系的一部分，这个体系还包括众议院和总统。这些有时也会限制参议院多数党以一揽子议案通过预算的做法。他们可能会基于自身需要来创建一揽子议案，并强迫参议员服从他们的决定。尽管在现实中不太多见，但众议院也会弃用常规决议。当众议院采取这种做法时，它是在强迫参议院考虑以其他方式资助受影响的机构。现有的研究没有对总统的作用做出明确的定义，但笔者在本书之后的章节中阐释了总统影响参众两院使用一揽子议案的可能性，以及一揽子议案包括的内容。

幸运的是，对于研究参议院而言，拨款议案程序的结构使我们能够专门研究预算程序中参议院扮演的角色。关键的一点是两院的立法初衷都是采用常规决议通过议案 (Schick 2007)。根据传统，众议院先审议拨款议案，参议院再审议。在极少数的时候，众议院在常规决议程序审议议案失败，参议院遵循传统也未对议案进行审议。我在对参议院的研究中利用了这些实例。首先，我默认参议院的多数党自行决定每年如何管理拨款议案,但需要说明的是,如果众议院没有通过一项拨款议案,参议院也无法对此进行投票。其次,我默认参众两院中的任意一方如果无法在常规决议中通过拨款议案,另一方就会被迫使用一揽子议案。基于此,我的观点是参议院多数党对于拨款议案程序的管理会影响一揽子议案出现的可能性或一揽子议案的内容规模。如果众议院在常规决议中通过了所有议案,那么参议院弃用常规决议的决定就会使众议院被迫考虑一揽子议案。如果众议院没能在常规决议中通过所有议案,那么参议院弃用常规决议的决定会使一揽子议案的内容规模变得越来越大。

结　论

关于参议院多数党影响力的程度以及在何种情况下使用影响力的辩论长期以来未曾间断。本章对传统派和修正派有关参议院党派权力的观点提出了挑战。在有限影响力理论中,多数党能够通过操纵年度拨款议案的立法程序完成选举目标。每一年,多数党都必须评估自己的立法状况,以此决定如何审议通过 12 项拨款议案。参议院的惯例以及议员对通过公开辩论获得政绩利益的追求为多数党制造了以常规决议通过议案的强大动机。人数众多、团结一致、与少数党关系较为亲密的多数党能够通过这种做法通过议案。对于那些较为弱势的多数党而言,常规决议会使他们陷入泥沼。多数党的内部分裂或来自少数党的对抗会引发投票僵局,或迫使多数党对不利于自身的修正案进行无休止的投票。当使用常规决议变成代价高昂的行为时,他们就会弃用这种程序。为了避免失败,多数党会想办法缩短辩论,或不在参议院辩论单独的议案,转而将拨款议案打包到一起。这种做法通过限制参与以及帮助多数党达成两党联盟来简化辩论、推动议案通过。这种做法往往使多数党无法完成自己的政策目标,但满足了保护本党声誉、避免对棘手事项进行投票以及通过预算等基本要求。

在下一章,笔者会回顾 1975~2012 年间拨款议案的立法历史,并通过统计检验对拨款议案之间的关系进行分析。在本书的后面部分,笔者会对 3 个不同历史时期进行案例研究,以论证一揽子议案是如何成为多数党弥补有限权力的措施。最后,笔者会回顾拨款议案程序的现状,以及我的论点对于研究政党权力的标准理论具有的启示意义。

第二章

对预测的验证

多数党的强势或弱势是如何影响年度拨款议案审议程序的？决定以何种方式通过12项主要议案会造成什么样的影响？本章采用3种定量实证来检验有限影响力理论。首先，笔者使用了常见的统计工具来分析1975年到2012年拨款议案的立法历史，并且评估政党权力与弃用常规决议之间的关系。其次，笔者研究了有关修正案的投票规律，以此来探究常规决议对议员参与立法的影响。最后，笔者研究了有关一揽子议案的投票规律来判断议案到底是赢得了两党支持还是导致了党内分歧。这些结论为有限影响力理论提供了强有力的初步论证。数据显示，当参议院多数党规模较小、内部分裂、与少数党关系疏远时，会倾向于弃用常规决议。多数党无法对单独议案进行投票与参议院修正案的减少存在关联性。综合拨款议案更容易促成两党结盟。

令人感到鼓舞的是，这些发现与笔者的推论基本是一致的，但需要注意的一点是，有关拨款议案的定量数据本身就存在一些限制。这些数据的优点是能够用于分析基本的规律以及不同变量间的关系。数据的限制性在于无法解释变量之间的因果关系，这关系到有限影响力理论的核心。本章的一些研究发现当参议院多数党规模较小、内部分裂、与少数党关系疏远时，会倾向于弃用常规决议，但无法解释原因。笔者的解决方法是依靠定性与定量证据的权重累计来检测这项理论。在接下来的章节中，笔者将回顾参议院辩论的历史记录。在大多数情况下，"为什么"这个问题的答案可以轻易地在档案中找到：冗长辩论、对棘手的修正案进行投票、党内的长期斗争。这些定量与定性数据为有限影响力理论提供了有说服力的支持。

回归模型

在本章开始，笔者通过展示一系列回归模型来预测参议院政党权力与弃用常规决议之间的关系。拨款议案程序的例行性质非常适合进行此类分析。笔者利用这种特性来剖析政党权力，比研究其他立法程序要相对容易。大多数研究基于唱票表决来为多数党权力提供佐证，通过此记录间接推测多数党控制议程的能力。这种研究缺乏对那些没有进行投票的议案或修正案的统计，研究消极议程控制基本上依赖于对多数党投票名单的分析。笔者将常规决议作为基准，通过对国会的决议进行对比、编码、定性来解决这个难题。对拨款议案最广为接受的惯例做法是对 12 项常规拨款议案单独进行辩论和投票（Schick 2007）。任何与常规决议背离的做法，例如无法对一项议案进行单独投票或将议案打包作为一揽子议案，在立法记录中都很容易识别。一个可检测的推论是，这种背离常规的做法标志着多数党对立法议程的操控。我对国会遵循或背离常规决议的做法进行了编码，然后利用回归分析来检测对常规决议的背离是否与多数党权力有关。

拨款议案程序的第二个优点是它的顺序可以预测。参众两院开始立法时，都会尝试通过常规决议来通过拨款议案，然后在该年晚些时候决定是否要采用一揽子议案。这种可预测的顺序使得我们可以将参议院多数党的角色进行独立研究，并且沿着一揽子议案制定的步骤一步步分析。参议院多数党扮演的独特角色能够被独立分析是因为强大的国会规则规定，在众议院通过一项议案前，参议院不得对此进行投票（Schick 2007）。只要考虑了众议院的行为，就可以对参议院多数党的决定进行单独分析。笔者的研究方法是基于以上规则，将拨款议案程序视作一系列连续步骤。第一步是在众议院常规决议中审议议案。第二步是议案通过众议院审议后，进入参议院常规决议程序。第三步是两院决定将部分或全部议案打包为一揽子议案。常规做法是两院任意一方的多数党没能通过常规决议的议案都可以被纳入一揽子议案，虽然也可以添加其他议案。笔者通过前两个步骤来预测两院中任何一院的多数党权力与弃用常规决议的关系，并在第三个步骤预测两院决议与打包一揽子议案之间的关系。

用于分析的数据源自 1975～2012 年间 485 项常规拨款议案的历史原始数据。常规拨款议案指的是拨款委员会下设工作小组负责的主要议案，每年都要进行起草，例如"劳工部、卫生与公共服务部、教育部和其他有关机构"拨款议案。数据显示，在所研究的一段历史时期的开始与结束阶段（中间是漫长的平静期),小组委员会权限的变化。每年,审议的议案数量会有轻微的变动。根据议案的名字以及相关的工作小组,笔者识别出了参众两院在1975～2012年间使用的26项独立议案所涉及的领域。为了满足研究的目的,笔者会讨论所有议案涉及的领域,但为了简化讨论,笔者会引用"核心的13项"议案。核心的13项议案是1979～2002年这段平静期国会每年都会审议的议案。

这组数据中的主要变量如下:

缺少参议院投票。笔者将多数党弃用常规决议的决定与多数党无法对常规拨款议案投票联系了起来。参议院有可能对没有投票结果的议案进行了辩论,或者什么都没做。常规拨款议案在常规决议阶段会经过一轮初始投票,编码为0。没有进行投票的常规拨款议案被编码为1。①

在1975～2012年间,参议院未对127项议案进行公开投票(占26%),投票的议案为358项(占74%)。众议院未进行投票的议案有60项(占12%),已投票议案有425项(占88%)。事实上,所有没有进行投票的议案都被纳入了综合拨款议案。其中5项是通过只针对某项议案的持续决议获得资金支持的。

参议院没有进行投票和将议案纳入一揽子议案的次数存在很大的变化(见图2.1)。由于内容不同,部分拨款议案被认为更具有争议性。参议院没有对劳工部-卫生与公共服务部拨款议案进行投票的次数占37%,将其与社会服务拨款议案打包到一起的次数占55%。与此相反的是,参议院只有一次未能对军事建设议案进行投票,将其纳入一揽子议案的次数也只占10%。为了解释这种变化,笔者在分析的过程中对每一种议案都做了固定标注。

一揽子议案。议案可以以多种形式打包。为了便于分析,笔者在此将"一揽子议案"定义为替代两项及以上常规拨款议案的立法工具,为整个或剩余财政年度提供资金支持。包含在一揽子议案中或被综合拨款议案覆盖的常规拨款议案编码为1。单独由常规决议颁布的议案编码为0。在1975～2012年间,190项议案(39%)被纳入了一揽子议案,295项议案(61%)在常规决议中得以通过。一揽子议案中64%的议案没有在众议院和(或)参议院单独进行过投票。36%的议案在参众两院经历一次投票后被纳入了一揽子议案。

图2.2显示了常规拨款议案审议过程中的规律,共有两波浪潮。第一波是1979～1987年,第二波是1995年至今。两波浪潮都起源于国会没有提交足够的议案进行投票,而使用了小型的一揽子议案,两个变量随着时间的推移都在

---

① 某些情况下,一年中可能会出现数个版本的议案。如果国会就不止一个版本的议案进行了投票,笔者将该议案编码为0。举个例子,假如农业开支议案在两院被否决了,第二版的农业开支议案未经参议院审议就被纳入一揽子议案,笔者就将此议案编码为0,因为第一版议案经过了投票。

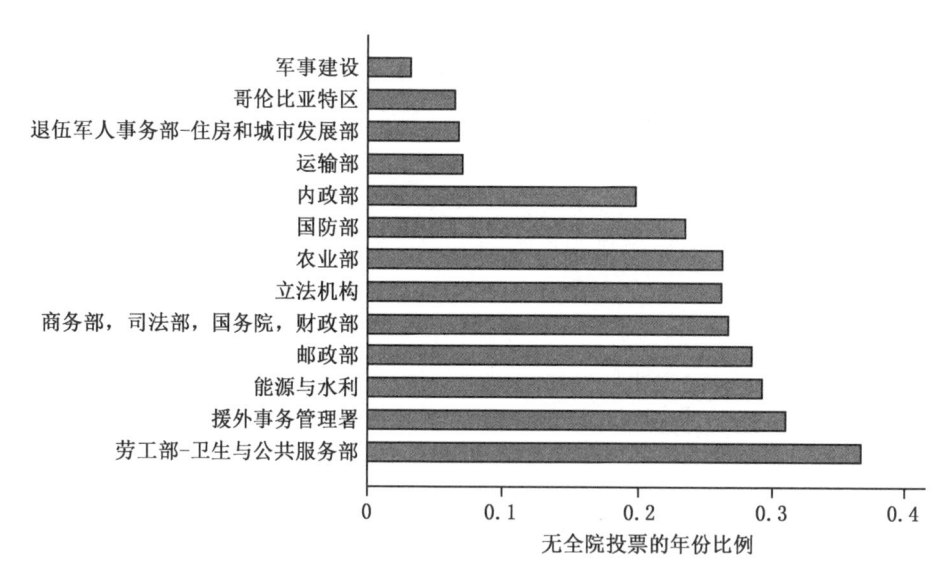

图 2.1 每项议案弃用常规决议的次数，美国参议院，核心的 13 项开支议案

增长。在参众两院，不投票发生的频繁程度与打包议案的内容规模从头到尾都在增长。

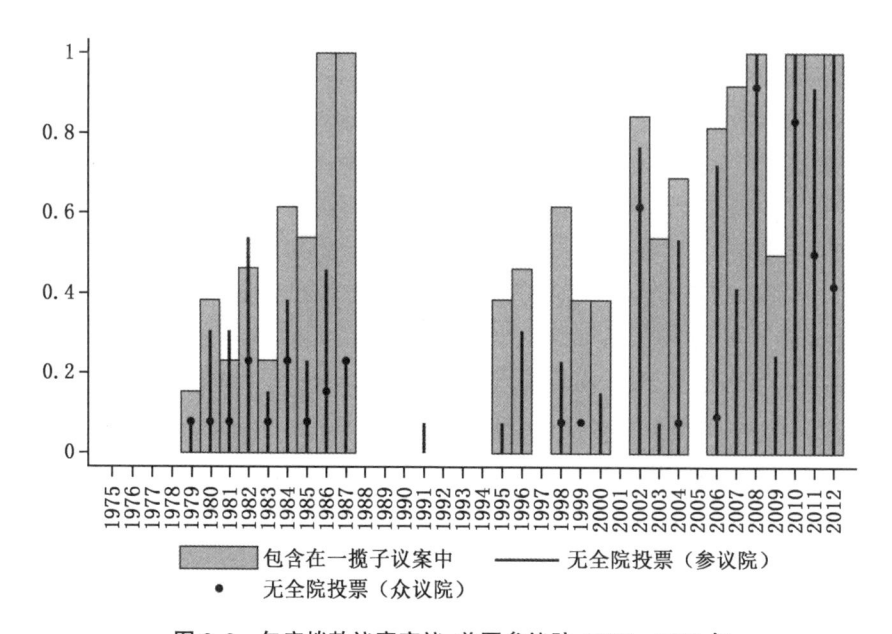

图 2.2 年度拨款议案审议，美国参议院，1975～2012 年

政党权力通过不同的方法实现了理论化和可操作性(Aldrich 2011;Binder 1996;Schickler 2000)。笔者将多数党权力在操作层面归纳为三大因素:多数党同质性,多数党的控制优势,以及多数党和少数党之间的意识形态差异。

多数党同质性:多数党意识形态的统一性。采用奥尔德里奇与罗德给出的定义,即第一维度提名分标准误差除以参/众议院的标准误差。随着多数党变得越来越统一,变量的规模呈现出逆向发展。在参议院,这个数值是0.39~0.74,平均数是0.57(标准误差为0.12),众议院则是0.35~0.72,平均数是0.56(标准误差为0.13)。为了更容易解释,笔者重新调整了研究中从0到1的变量。在笔者看来,同质性是多数党势力的象征,因为统一的多数党比起分裂的多数党更容易达成目标(Smith 2007)。

参议院的多数党同质性有着很大的变化,主要是由于两党的差异以及对参议院掌权的更迭。图2.3显示了民主党、共和党以及参议院多数党在1975~2012年间第一维度提名分的标准误差。参议院的民主党在本书研究的近40年中比共和党更为团结一致,他们的第一维度提名分平均标准误差为0.12,共和党为0.20。随着参议院多数党的更替,多数党的同质性平均数出现了较大的起伏。

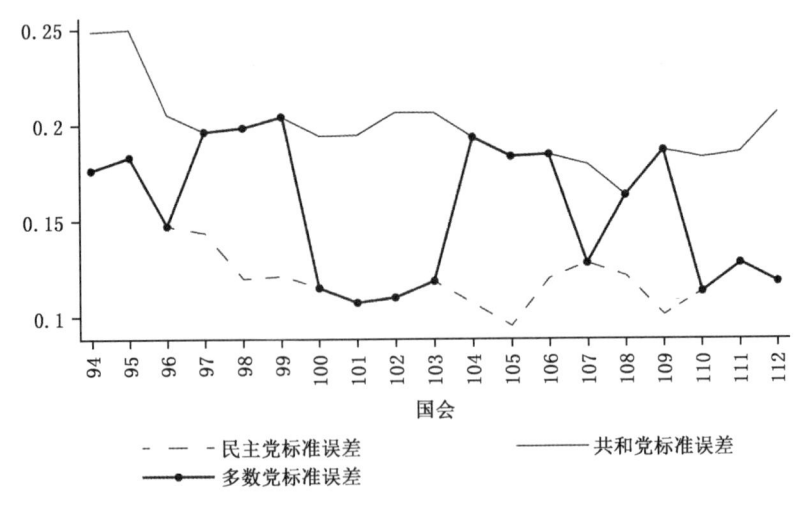

图2.3 民主党、共和党和多数党的第一维度提名分标准误差,美国参议院,1975~2012年

控制优势。多数党的控制优势是其在参议院或众议院所占的席位,数据源自参议院历史办公室。[①] 在一届任期内,边际值会随着议员去世或退休呈现波

---

① 美国参议院,2014年。"参议院的政党席次分布,1789年至今",访问于6月23日。http://www.senate.gov/pagelayout/history/one_item_and_teasers/partydiv.htm。

动。笔者采用了多数党的平均边际,按照笔者研究的时间段以 0 或 1 进行编码,以便计算边际效应。在重新调整前,参议院的控制优势数值为 0.51～0.62,平均值为 0.55(见图 2.4)。① 众议院的控制优势数值为 0.51～0.67,平均值为 0.58。笔者认为控制优势越大,多数党的权力就越大,因为规模大的多数党比起规模小的多数党更容易获得选票和达成目标(Smith 2007)。

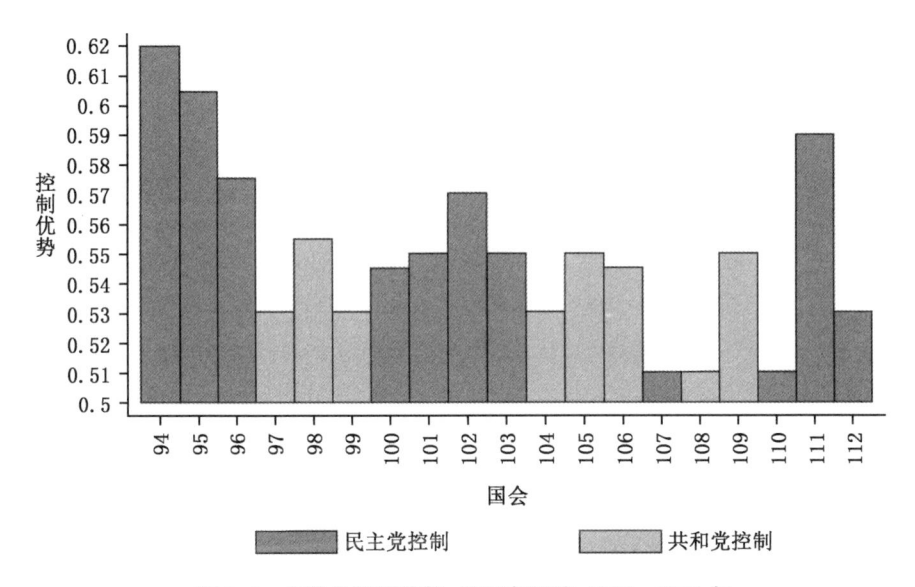

图 2.4 多数党控制优势,美国参议院,1975～2012 年

意识形态差异。两党之间的差异被定义为两党第一维度提名分中位数之间的绝对差。在参议院这一数值是 0.54～0.83,平均值是 0.68,众议院是 0.52～1.07,平均值为 0.76。变量的一项显著特征是随着时间推移呈现单调递增,由开始时的最低值到结束时的最高值(见图 2.5)。为了便于分析及计算边际效益,笔者将变量按 0～1 进行了重新调整。多数党与少数党之间的差异越大,多数党在参议院的地位就越弱势,因为这越容易引起少数党的激烈对抗,从而增加多数党达成目标的难度(Rae and Campbell 2001)。

笔者还用了一组变量来对影响拨款议案程序的因素以及形成综合拨款议案的可能性进行控制变量研究(Krutz 2000)。如果某一党派同时控制了参众两院,即编码为 0,否则为 1。分裂的政府会倾向于使用一揽子议案,因为对打包

---

① 第 107 届国会的参议院最初由两党各占 50 席,处于共和党以及拥有决定性投票权的副总统迪克·切尼(Dick Cheney)的有效管控之下。参议院控制权直至佛蒙特州参议员吉姆·杰福兹(Jim Jeffords)从共和党转投民主党才出现了交替,民主党拥有了一席的优势。

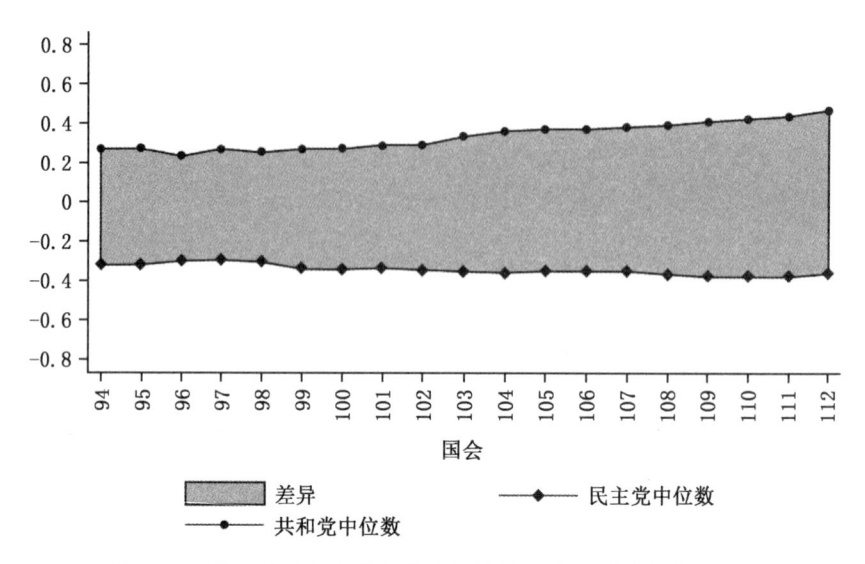

图 2.5　参议院民主党与共和党之间的差异,第一维度提名分数值

议案进行磋商是对付对方政党总统的有效方法(Sinclair 2012)。如果参众两院多数党和总统都属于一个政党,那么分裂政府的变量就是一个伪变量,编码为 0,反之则为 1。选举年会影响立法的效率,增加拨款议案通过的难度(Binder 2003),因此笔者将选举年编码为 1,否则为 0。

联邦赤字变量会导致预算选择变得更为艰难,同时加剧政党内部的分裂(Krutz 2000;Sinclair 2012)。根据克鲁兹的理论,赤字变量被定义为年度开支超过收入的比例,数据来源于国会预算办公室。比例越大,赤字就越大。变量的范围为 −0.13~0.40,平均值为 0.14。国会与总统之间达成的赤字削减协议如果在预算制定过程中被主要参与方接受,就可以减轻预算压力。1990 年通过的《预算强制法案》(BEA)被认为是削减赤字最有效的协议。国会预算办公室主任认为国会成员在 1990~1997 年间基本遵循了这一法案,但 1998 年出现的财政盈余影响了该法案的有效性(Holtz-Eakin 2004),因此笔者在研究中将《预算强制法案》在 1990~1997 年间作为伪变量,编码为 1。

最后,在弃用常规决议的两波浪潮中,未经投票就被纳入一揽子议案的法案的出现比例都呈现出增长。在访谈中,一个常见的观点是一揽子议案已开始被认为是一种常规做法(工作人员访谈 D,2012 年)。笔者在此将被纳入一揽子议案的议案数量作为滞后变量加入,随着一揽子议案变得越来越普遍,议员们对它们的抗拒就越来越弱。

参议院弃用常规决议

首先,笔者使用了预测参议院多数党权力与弃用常规决议两者关系的模型。这些模型对有限影响力理论进行了最初也是最重要的检验。理论的核心观点即多数党成员一开始希望通过常规决议来通过议案,但当这种做法的代价变得非常高昂时,他们就会抛弃常规决议。决定不对一项议案进行投票就好比"煤矿中的金丝雀",意味着多数党成员已决定对立法程序施加影响,来保证一些复杂的议案得以通过,保护自身声誉。议案未经投票就被纳入一揽子议案的原因是它们必须被颁布来保证政府机构得到运行经费。不对拨款议案进行投票与多数党的规模和同质性呈现出强烈的负相关性,与多数党和少数党的意识形态差异呈现出正相关性。一种与此相反的情况是,如果议案在参众两院成功通过,也会因为各种不同的原因被纳入一揽子议案,比如这些议案很容易获得支持。

有关参议院多数党特征的数据很适合进行回归分析,因为这些数据随着时间的推移波动很大,彼此之间的关联性也不强。[①] 图 2.6 展现了 3 项政党变量以及每年参议院未经投票的议案的比例,每项变量都从 0 到 1 进行编码。其中有一些规律值得注意,控制优势和数据匹配度最高,与未经投票的议案比例呈现出负相关关系。随着多数党控制优势的增加,弃用常规决议的可能性就越来越小。在数据组的早期阶段,多数党的同质性与未能对议案进行投票呈现出负相关,随着同质性的降低,未经投票议案的比例开始增加,2000 年,当同质性上升,议案比例出现回落。在此之后,两个变量之间的关系开始逆转,逐渐呈现出正相关。两党之间的差距随着时间推移呈现出稳步增加,并没有随着弃用常规决议的两波浪潮而变化,但这两者总体呈现出正相关,都随着时间推移实现了上升。

首先,笔者利用逻辑回归模型进行研究,将"无全院投票"作为因变量,政党权力的三大指标作为自变量。笔者在此次对有限影响力理论的初始验证中排除了控制变量,以便于评估政党特征与在常规决议中无法进行投票的关系。笔者按照议案的类型(农业部、国防部等)来定义固定影响,并在分析中对每一类议案都加入了一个伪变量来解释因变量产生积极结果的可能性。标准误差按年集中到一起,以配合同期相关性。当出现 95% 的置信区间($p<0.05$)结果不会为零时,自变量与因变量有统计学上的显著意义就变得显而易见了。笔者在

[①] 参众两院政党特征关联性变量参考表 2.4。

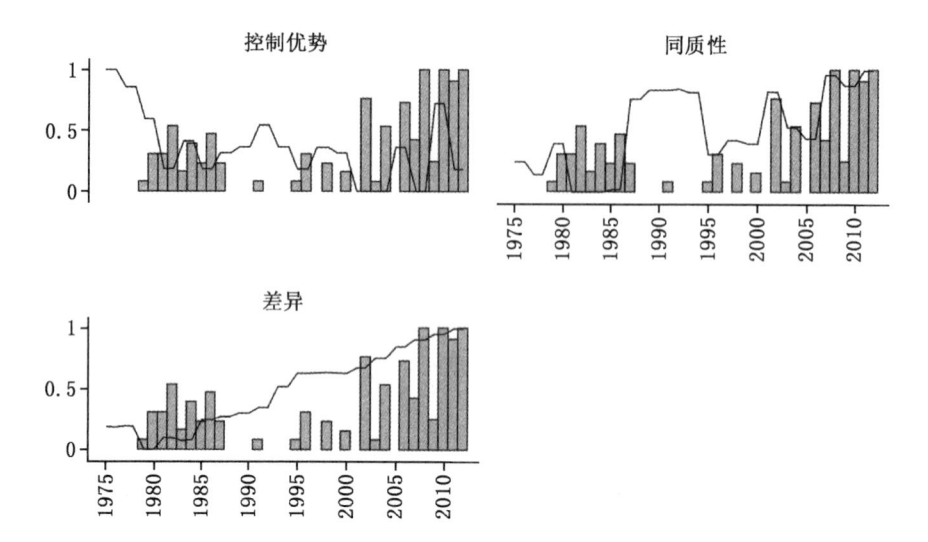

图 2.6 政党特征及未能发起投票分析,美国参议院,1975~2012 年

此处还报告了 $p<0.10$ 的情况,来展示仅次于统计学显著意义的强关联性。最后,笔者将研究中使用的样本议案仅限于那些在众议院进行了投票的案例,因为如果众议院不先进行投票的话,参议院是无法进行投票的。数据组中共有 422 项议案通过了众议院审议,有资格被提交到参议院进行常规决议。其中 355 项议案(84%)在常规决议中进行了表决,67 项(16%)没有进行表决。

模型中最重要的评估指标包括多数党的势力、多数党控制优势的趋势、同质性以及与少数党的意识形态差异。表 2.1 显示对变量进行的评估符合有限影响力理论的预期方向。多数党的控制优势以及同质性与在参议院无法进行投票呈现出负相关(数值分别是 $p=0.03$ 与 $p=0.08$)。多数党与少数党之间的差异与在参议院无法进行投票呈现正相关($p=0.03$)。这些结论初步验证了有限影响力理论。未能在常规决议中对拨款议案进行投票缘于多数党的弱势地位,而非相反情况。

表 2.1 政党特征与未能发起投票的逻辑分析,美国参议院,1975~2012 年,固定效应按议案统计,标准误差按年集中

变 量	预测方向	系数(标准误差)
控制优势	—	−2.12** (1.00)
同质性	—	−1.74* (1.00)

续表

变 量	预测方向	系数(标准误差)
差异	+	3.35** (1.50)
常数		−2.04** (0.89)
拟对数似然值		−144.33
拟 R^2		0.22
N		422

注:统计学显著性差异在 * $p<0.10$;** $p<0.05$;*** $p<0.01$;双尾检验。

接下来,笔者将会在分析中纳入控制变量。表 2.2 显示了 4 个不同的逻辑回归模型,以"无全院投票"作为因变量。每个模型都在不同的时间点减少了数据组。第一个模型在 2006 年,第二个在 2008 年,以此类推。在不同的时间点,分析模型为我们提供了一个观察的机会:两党意识形态差异的迅速扩大是否会对模型的适配度产生影响? 早期的模型中是依据议案类型、按年集中的标准误差来控制固定效应的,笔者在此只对通过了众议院投票的议案进行分析。

表 2.2　美国参议院政党特征与未能发起投票的逻辑分析,2006、2008、2010 与 2012 财年末,固定效应按议案类型统计,集中标准误差按年统计

变 量	预测方向	2006	2008	2010	2012
控制优势	−	−8.24*** (2.49)	−11.19*** (3.19)	−4.72*** (1.21)	−4.31*** (1.16)
同质性	−	−6.60** (3.13)	−10.11*** (3.07)	−5.90*** (2.28)	−5.75** (2.27)
差异	+	1.63 (2.97)	4.59 (3.13)	6.74** (3.18)	8.18*** (3.08)
分裂的国会控制权	+	0.52 (1.53)	−2.97** (1.46)	−0.60 (0.89)	−0.05 (0.87)
分裂的政府	+	−2.73** (1.16)	0.81 (0.93)	0.61 (1.09)	0.91 (1.13)
共和党控制参议院		0.43 (1.49)	−3.74** (1.65)	−2.00* (1.17)	−2.10* (1.11)
选举年	+	2.08*** (0.49)	1.77*** (0.43)	1.87*** (0.50)	2.12*** (0.52)
赤字	+	−4.01 (3.78)	4.40 (3.35)	8.22** (3.48)	9.56*** (3.61)

续表

变　　量	预测方向	2006	2008	2010	2012
《预算强制法案》	−	−0.63 (0.95)	−3.03*** (0.87)	−2.07*** (0.70)	−2.07*** (0.71)
一揽子议案中议案的比例（滞后变量）	+	−3.75*** (1.20)	−2.62*** (0.93)	−1.08 (0.84)	−0.87 (0.98)
常数		2.96 (3.04)	5.69 (3.78)	−1.75 (2.58)	−3.38 (2.36)
拟对数似然值		−69.60	−87.20	−100.89	−104.81
拟 R^2		0.49	0.42	0.38	0.43
N		382	395	409	422

注：统计学显著性差异在 * $p<0.10$；** $p<0.05$；*** $p<0.01$；双尾检验。

研究结果与有限影响力理论是一致的，并且随着时间推移给出了变化的证据。图2.7显示了每个模型的系数与95%的置信区间。对3项变量的评估与预测的方向一致。控制优势与同质性都呈现出负相关，尽管自2008年起两项变量的系数水平都开始下降。对于所有4个模型，控制优势都达到了统计学显著意义水平（$p<0.01$），同质性也很重要（$p<0.05$），两党差异在模型的早期阶段并不重要，但在2010年达到了标准值（$p=0.05$）。几个控制变量也有重要的影响，例如选举年在全部4个模型中都很重要，《预算强制法案》在2008～2012年间有着重要的影响力，不对拨款议案进行投票在《预算强制法案》生效的时间段内发生的概率较小。滞后变量显示在2006～2008年间，前一年被纳入一揽子议案的议案总数。

为了更好地解释这些系数，笔者通过计算每个变量的单位变化对于多数党不对拨款议案进行投票的可能性的影响，评估了多数党控制优势、同质性与和少数党差异变化带来的影响。每一个变量都在0～1的范围内，所以单位变化就是从变量的最低值变为最高值。边际效应随着议案以及模型的具体条件而变化，例如当年是否是选举年。为了举例，笔者根据两个不同的场景模拟投票的条件，计算了3个变量在边际效应方面的变化。在"普通的"模型下，统一的共和党对政府实现了掌控，当年是选举年，《预算强制法案》不生效，其他的变量都按照平均值设定。在"困难的"模式下，政府是分裂的，除了民主党控制参议院，其他数值都不变。

在图2.8中，笔者使用国防部拨款议案和劳工部拨款议案来展示点估计值

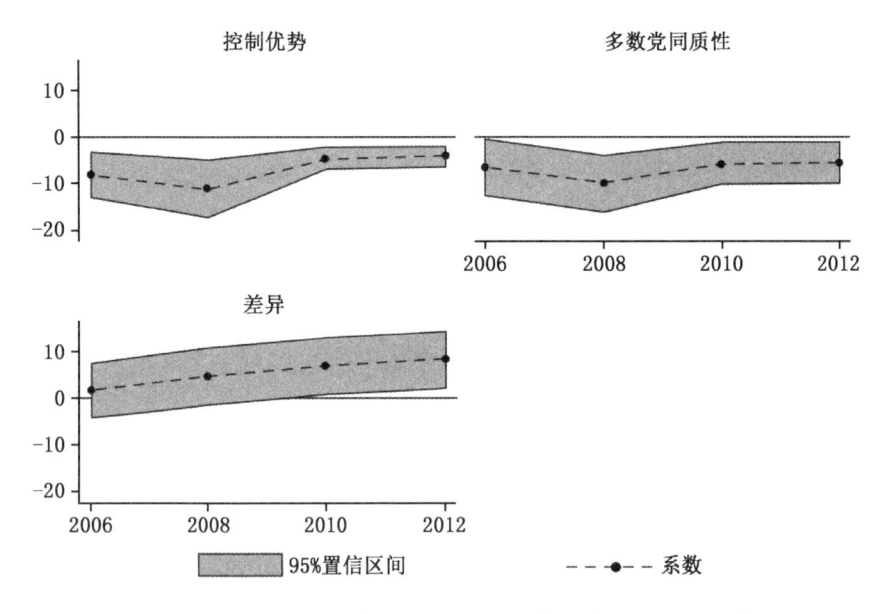

图 2.7　政党特征系数与置信区间,美国参议院,2006～2012 年

与置信区间。在"普通的"模型下,当多数党的控制优势由最低点向最高点抬升的时候,多数党不对广受支持的国防部拨款议案进行投票的可能性下降了12%,更有争议的劳工部拨款议案则降低了58%。多数党同质性的相应增长导致多数党不对广受支持的国防部拨款议案进行投票的可能性下降了27%,劳工部拨款议案则降低了71%。最后,随着两党意识形态差异从最低值向最高值攀升,对国防部拨款议案投票的可能性增加了50%,劳工部拨款议案增加了88%。在"困难的"模型下,两个议案不经过投票的可能性分别降低了66%和77%,意识形态差异方面的类似变化导致两个议案不经过投票的可能性增长了90%和98%。

总的来说,"不投票"模型为有限影响力理论提供了强有力的证据支持,当多数党规模较小、较为分裂、与少数党的关系较为疏远时,不进行投票。两党意识形态差异与不投票的关系随着差异变量的增大而变得越来越相关,意识形态差异这一变量重要性的提升也许可以解释不投票与多数党同质性之间在模型后期阶段显著的相关性。当两党存在很大差异、经常陷入投票僵局时,多数党同质性变量对于是否投票的影响相对较小。

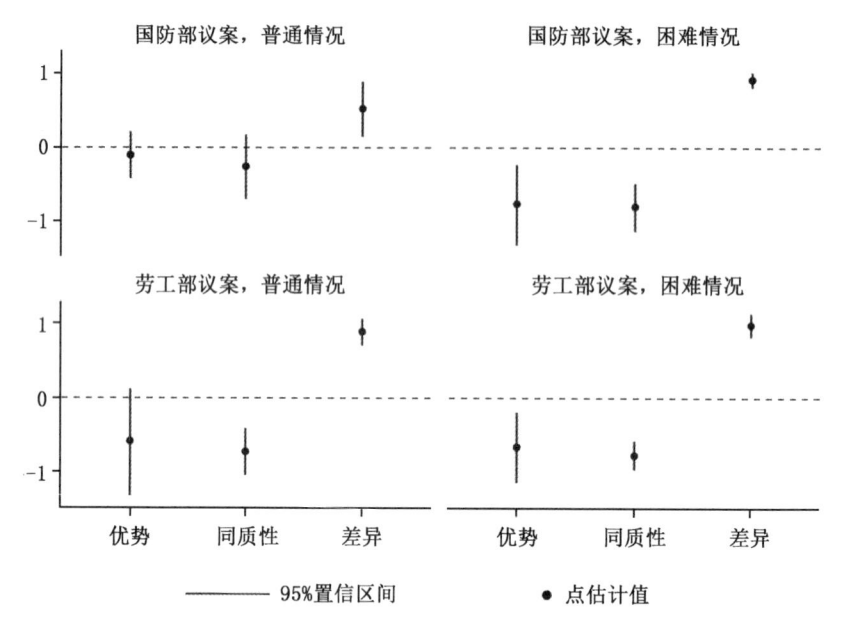

图 2.8　政党势力变量变化的边际效应，国防部和劳工部拨款议案

众议院弃用常规决议

在众议院没有经过常规决议投票的拨款议案是个有趣的研究对象，原因有二。首先，众议院的多数党决定不对拨款议案进行投票会直接影响参议院的立法程序。因为如果众议院不首先进行投票，参议院就无法进行。研究众议院为什么放弃对拨款议案投票能够帮助我们理解参议院的情况。其次，政党特征对参众两院的影响是不同的，因为两院的规则是不一致的。一种合理的推测是众议院的数据会更符合条件性政党政府理论，而非有限影响力理论。比较参众两院能够帮助我们理解它们各自的特点。

分析众议院未能发起投票的原因是很有挑战性的，因为这种情况很少发生，在数据方面也鲜有变化。笔者在图 2.9 中分析了众议院审议拨款议案的一些规律。在过去的 38 年中，只有 12.37% 的拨款议案未经众议院投票，也就是 485 项议案中只有 60 项。大多数案例发生在近期。自 2000 年以来，众议院放弃投票的议案有 42 项。参议院多数党的特征之间是高度关联的（−0.76 或更高）。使用回归模型分析高度相关的变量会导致标准误差增大，系数估计变得不可靠，这种问题被称为多重共线性。变量的相关性达到 0.80 或以上就可能会产生问题（Berry and Feldman 1985）。笔者在后面解释了自己是如何解决这一问题的。

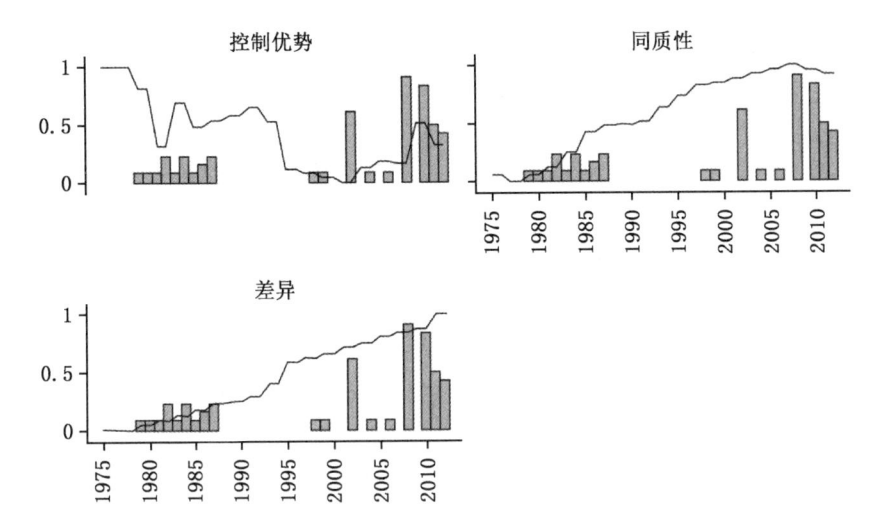

控制优势

同质性

差异

图 2.9　政党特征以及未能发起投票的分析，美国众议院，1975～2012 年

表 2.3　　美国众议院政党特征与未能发起投票的逻辑分析，1975～2012 年，标准误差按年集中

变　量	预测方向	模型 A	模型 B	模型 C	模型 D
控制优势	−	−3.14 (2.37)	−7.40** (3.13)		
同质性	−	1.06 (3.40)		5.67*** (1.86)	
差异	+	3.17 (4.08)			5.56*** (1.90)
分裂的国会控制权	+	1.47** (0.75)	0.21 (0.69)	1.97*** (0.76)	1.88** (0.77)
分裂的政府	+	0.74 (0.77)	0.95 (0.83)	0.70 (0.77)	0.55 (0.68)
共和党控制众议院		−2.34** (0.92)	−1.49* (0.82)	−1.79** (0.81)	−2.31** (0.97)
选举年	+	1.80*** (0.63)	1.76*** (0.56)	1.87*** (0.65)	1.92*** (0.70)
赤字	+	5.69 (5.12)	13.72** (5.59)	3.31 (2.86)	0.64 (2.68)
一揽子议案中议案的比例(滞后变量)	+	−0.27 (1.18)	0.28 (1.08)	0.15 (1.04)	−0.11 (1.25)

续表

变量	预测方向	模型 A	模型 B	模型 C	模型 D
常数		−5.56*** (1.43)	−3.25*** (1.08)	−8.31*** (1.74)	−6.54*** (1.37)
拟对数似然值		−115.03	−210.85	−117.22	−116.49
拟 R^2		0.34	0.31	0.33	0.33
N		479	479	479	479

注:统计学显著性差异在 * $p<0.10$;** $p<0.05$;*** $p<0.01$;双尾检验。

表 2.3 展示了 4 种逻辑回归模型,用众议院"不投票"变量作为因变量。这些模型不包含按议案种类区分的固定效应,因为数据本身缺乏变化。基于同样的原因,《预算强制法案》这一变量也被排除了。标准误差按年统计,以考虑潜在的年度效应。分析中使用了全部年份的数据组。回归后的测试结果显示,模型 A 中多数党控制优势、同质性以及与少数党的差异的预计效应因为多重共线性的原因,是不可靠的。汉纳谢克和杰克逊(Hanushek and Jackson)认为有一些比较好的处理多重共线性问题的策略,"研究者必须忍受不准确的预估,或者找到更多的信息"(1977,92)。由于缺乏更多信息,笔者先将变量放在一起预估,然后再对各变量分开单独预估。模型 B 仅包含多数党控制优势,模型 C 仅包含多数党同质性,模型 D 仅包含多数党和少数党的差异。将变量从模型中剔除会增加模型错误设定的风险,但这是观察变量单独变化的一种方法。

模型 A 中,3 种政党特征变量都不具有重要的统计学意义,但将变量分开研究时,就出现了不同的规律。模型 B 中,控制优势非常重要,且与众议院放弃投票的行为负相关。模型 C 和 D 中,同质性与意识形态差异都扮演了重要角色。最有趣的发现是,多数党同质性与因变量具有正相关性。与有限影响力理论的推论相反的是,众议院多数党同质性越强,多数党就越有可能不进行投票。控制变量的变化与理论预期一致,尽管这些控制变量不一定在统计学上具有重要意义。4 个模型中的 3 个模型,当 $p<0.05$ 时,民主党控制的众议院有可能会不进行投票。选举年在 4 个模型中也是非常重要的变量。

尽管存在多重共线性问题,但我们还是可以从众议院多数党对于拨款议案的管理中得出两个结论:首先,综合研究结果来看,众议院的行为模式不符合有限影响力理论。理论要求所有 3 项变量都与议案未经投票存在预期的相关性,党派差异与同质性的单独影响是很难预估的,因为这两者高度相关。但模型测试的数据清晰地显示,多数党同质性以及与少数党的差异和议案未经投票呈现出正相关。其次,有限影响力理论和众议院数据的不匹配再次印证了参议院的特殊性,在参议院,党派权力的行使方式和众议院是不一样的。

一揽子议案

接下来,笔者将分析政党特征与将议案纳入一揽子议案之间的关系。一揽子议案包括已经在参众两院投票通过的议案和那些未通过的。笔者推定多数党的权力与一揽子议案中全部议案的关联性不如前者与未经投票的议案的关联性那么强。在有限影响力理论中,不投票的决议通常是与多数党面临的困难挂钩的。获得两院支持的议案本质上不会为多数党制造麻烦,它们被纳入一揽子议案的原因也是多样的。例如,广受支持的议案被纳入一揽子议案是因为它们可以平衡其他议案中不受欢迎的条款。

参众两院对于哪些议案能够被纳入一揽子议案都具有决策权,因此一揽子议案的模型需要同时考虑两院多数党的特征。这给分析造成了一些挑战,因为众议院多数党的同质性、控制优势以及多数党和少数党之间的意识形态差异是高度关联的。同时,也存在另一项多重共线性风险,因为有些众议院的变量和参议院的变量是高度关联的。表2.4是所有参众两院变量的关联矩阵。之前,我是通过在不同的模型中合并或分拆分析变量来解决这个问题的,通过比较变量之间的预计影响力来评估它们和一揽子议案之间的整体关系。

表 2.4　　　　　　　　　参众两院政党特征关联矩阵

	众议院控制优势	众议院同质性	众议院差异	参议院控制优势	参议院同质性	参议院差异
众议院控制优势	1					
众议院同质性	−0.81	1				
众议院差异	−0.76	0.96	1			
参议院控制优势	0.81	−0.58	−0.51	1		
参议院同质性	−0.24	0.61	0.59	−0.22	1	
参议院差异	−0.68	0.94	0.98	−0.41	0.61	1

分析研究面临的最后一项挑战是,国会在2002年、2006年和2008年都没能在国会议员换届前完成拨款议案的审议。这就提出了一个问题,是否需要在回归研究中同时纳入最初起草拨款议案和最后完成议案审议的新旧国会的变量因素。笔者采用的方法是,加入起草拨款议案的国会的有关变量,因为起草者的行为为拨款议案审议程序接下来的走向制定了框架。如果不将议案审议结束的时间纳入考虑,表2.5中对参议院政党权力变量的预测是大致相同的。

表 2.5　美国众议院和参议院政党特征以及将议案纳入一揽子议案的逻辑分析，1975～2012年，固定效应按议案类型统计，标准误差按年集中

变量	预测方向	模型 A	模型 B	模型 C	模型 D	模型 E	模型 F	模型 G
控制优势（参议院）	−		−5.77*** (1.45)					−11.19 (7.35)
同质性（参议院）	−		−3.61* (2.05)					−18.79** (7.59)
差异（参议院）	+		4.14* (2.25)					−20.69*** (6.02)
控制优势（众议院）	−			−5.42** (2.48)	−5.69*** (2.19)			−0.03 (5.34)
同质性（众议院）	−			−1.49 (4.31)		2.80* (1.45)		2.63 (4.67)
差异（众议院）	+			2.02 (4.70)			3.32* (1.73)	32.83** (14.49)
分裂的国会控制权	+	0.47 (0.83)	−1.57 (1.04)	−0.35 (1.05)	−0.38 (0.87)	0.82 (0.92)	0.79 (0.95)	−6.49** (2.78)
分裂的政府	+	0.84 (0.88)	1.68 (1.13)	1.16 (1.00)	1.13 (1.09)	0.89 (0.93)	1.01 (0.90)	4.19** (1.79)
共和党控制众议院		1.51** (0.74)		−0.49 (0.92)	−0.30 (0.79)	0.40 (0.89)	0.19 (0.91)	−2.18 (3.09)
共和党控制参议院		0.38 (0.61)	−1.03 (1.02)					−8.16*** (2.97)
选举年	+	1.53** (0.76)	1.33** (0.66)	1.32* (0.70)	1.30* (0.71)	1.44* (0.76)	1.45* (0.74)	1.21* (0.62)
赤字	+	4.92 (3.81)	9.70*** (3.43)	10.19** (5.20)	10.93** (4.96)	4.84 (3.99)	4.45 (4.10)	17.22*** (6.24)
《预算强制法案》		−1.63** (0.72)	−2.95*** (0.71)	−2.36*** (0.72)	−2.45*** (0.68)	−1.84** (0.71)	−1.72** (0.70)	−4.42*** (1.32)
上一年采用了一揽子议案	+	2.20 (1.45)	−0.06 (1.39)	0.54 (1.48)	0.48 (1.54)	1.23 (1.57)	1.34 (1.57)	−1.38 (1.52)
常数		−4.10*** (1.19)	−0.58 (2.17)	−0.87 (2.25)	−0.87 (1.52)	−4.81*** (1.35)	−4.63*** (1.24)	8.14** (4.02)
拟对数似然值		−209.71	−184.26	−192.58	−193.03	−201.99	−200.90	−165.11
拟 R^2		0.35	0.43	0.40	0.40	0.37	0.38	0.49
N		479	479	479	479	479	479	479

注：统计学显著性差异在 * $p<0.10$；** $p<0.05$；*** $p<0.01$；双尾检验。

表 2.5 运用了 7 个模型，来评估参众两院政党特征与将某项议案纳入一揽子议案这种做法之间的关联性。模型 A 仅采用了控制变量，模型 B 仅采用了来自参议院的变量，模型 C～F 先评估了所有众议院变量总的影响，然后又分别评估了每一个变量。模型 G 包含了来自参众两院的变量。这些模型显示的结果与参众两院"不进行全院投票"的模型得出的主要结论相似。模型 B 中，参议院政党变量显示的结果与有限影响力理论是一致的。控制优势为负且达到显著意义水平（$p<0.01$）。同质性与差异的趋向符合预计，分别为 $p=0.08$ 和 $p=0.07$。众议院模型显示的结果与之前有关未能在众议院进入投票程序的议

案的分析结果是一样的,不适用有限影响力理论。模型 D 中的控制优势为负,呈显著;模型 E 中的同质性为正,呈显著($p=0.05$);模型 F 中,差异为正,呈显著($p=0.05$);模型 G 中,参议院的控制优势为负($p=0.13$),同质性为负,呈显著($p=0.01$),差异具有显著意义($p<0.01$),但符号变成了负。众议院的差异变量为正,呈显著。众议院和参议院的差异变量的相关性为 0.98,参议院差异变量符号的转变有可能是源于多重共线性。

从控制变量中,我们可以得出一些有趣的结论:所有模型都显示,当显著性 $p<0.10$ 或更小时,常规的预算提案更有可能在选举年被纳入一揽子议案。使用一揽子议案时,通常更可能出现高额赤字(模型 B,C,D,G 都呈现出显著性),但根据《预算强制法案》的规定,一项议案在生效期间是不太可能被纳入一揽子议案的。事实上,所有的模型都呈现出显著性。最后,模型 G 显示,当民主党控制参议院的时候,使用一揽子议案的可能性会更高。

这些结论与有限影响力理论的推断是一致的。参众两院政党的变量在模型 B~F 中反映出的预期结果与之前"不进行全院投票"模型的结果是一样的,但从统计学上来看,显著性不及后者,这也符合预期。两院中的政党权力运作遵循着不同的模式,模型 B 和 G 中,参议院多数党的同质性与动用一揽子议案的可能性负相关,但在模型 E 和 G 中,众议院多数党的同质性与动用一揽子议案的可能性正相关。当参议院多数党较为分裂,而众议院多数党较为团结时,预算议案更可能被纳入一揽子议案。[①]

关于回归模型的讨论

"不进行全院投票"模型以及一揽子议案模型所提供的证据,符合有限影响力理论的推论。参议院不就常规拨款议案进行投票,往往反映出更小的控制优势、意识形态的异质性以及多数党和少数党之间较大的意识形态差异。众议院不进行投票的行为规律更符合条件性政党政府理论,通常多数党更趋向一致,且与少数党有较大差异。有时,众议院不进行投票也可能是因为多数党的优势微弱。使用"一揽子议案计划"这一因变量的模型所显示出的结果虽然不够有说服力,但仍然符合"不进行全院投票"模型。除了差异变量,参众两院多数党特征的系数与"不进行全院投票"模型所呈现出的趋势是一致的。

---

① 作为应对多重共线性问题的另一种方法,笔者预设了一个以参众两院指数变量取代政党权力三大指标的 2.5G 模型。完整结果未在此显示。指数变量是用多数党同质性+控制优势+(1-差异)的公式得出的。与预测相一致的是,参议院势力这一变量为负,显著性水平 $p=0.005$,众议院变量未呈现出统计学上的显著性。

对修正案投票

在有限影响力理论中，随着"不进行全院投票"的议案的比例上升，预算程序中针对修正案的净投票次数会下降。这是因为多数党在立法程序中对议程实行了消极控制：对修正案更友好的常规决议被限制性更大的一揽子议案程序所取代。政策制定者表示，由于时间和议案数量的限制，一揽子议案会减少修正案的出现。有时候，一揽子议案是在协商委员会制定的，没有修正的机会。

为了检验当多数党弃用常规决议时修正案的数量就会下降这一推断，笔者研究了1981～2012年间预算程序中针对修正案进行的投票。记录议案立法程序的电子档案来自国会图书馆的THOMAS数据库。参议院所有针对修正案的投票，包括通过投票、程序投票（例如搁置讨论）被记录成了电子档案，以形成每项议案立法程序的总览。[①] 笔者将这些信息进一步整合起来，以此研究每年预算立法期间针对修正案的总投票次数（指一个财年内所有围绕常规决议或一揽子议案进行的会场辩论）。参议院在1981～2012年间的总投票次数是6 399次，包括1 425次唱票表决和4 974次口头表决。参议员们每年对修正案进行的投票平均为200次，数量范围从0～415，标准误差为93，其中平均有45次为唱票表决，155次为口头表决。

在预算立法程序中，弃用常规决议和修正案数量下降之间有着很强的关联性，即使考虑到一揽子议案辩论的可能性。每年没有进入投票程序的议案比例与唱票表决、口头表决以及修正案投票总次数的相关性分别为－0.61、－0.77和－0.79。图2.10以散点图以及Loess曲线显示了这种关联性，95%的置信区间以灰色标注。每张图上黑色的水平线表示没有一揽子议案出现的年份的平均投票次数。在只有常规决议的年份，平均每年出现48次唱票表决，随着不进入投票程序的议案比例上升，唱票表决的数量逐渐下降，趋近于零。口头表决则下降得更快，在只有常规决议的年份，平均每年有190次口头表决，当不进入投票比例为1时，这一数字趋近于零。被纳入一揽子议案的议案比例与针对修正案的投票之间的关联性虽然稍弱，但方向仍然一致，与唱票表决、口头表决

[①] 关于修正案的统计实际是由"Yahoo! Pipe"完成的。Pipe通过字符串"S. AMDT"或"S. UP. AMDT"筛选相关的常规决议或一揽子拨款议案记录，以识别出参议院中和修正案有关的立法行为。已筛选出的立法行为中如果包含字符串"voice vote"，则被标记为"唱票表决"。笔者将Pipe收集到的数据与议案档案对比发现，这种统计方式遗漏了一些和修正案有关，但没有包含所搜索的字符串的投票记录，诸如对议长的裁决进行上诉，但仍然准确地反映了投票整体的规律。统计不包含一致通过的非争议性修正案。

以及修正案投票总次数的相关性分别为−0.46、−0.41和−0.45。

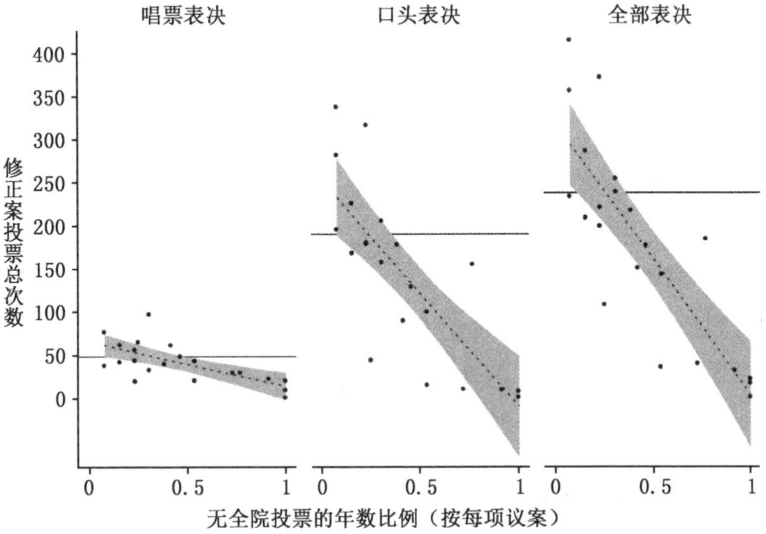

图 2.10　弃用常规决议与修正案投票，美国参议院，1981～2012年

另一种评估弃用常规决议对于修正案的影响的方法是使用回归分析法（见表 2.6）。笔者采用唱票表决、口头表决和投票总次数作为因变量，将 6 个负二项式回归模型改造用于测算变量。在模型 A～C 中，"不进行投票"议案的比例是自变量，在模型 D～F 中，被纳入一揽子议案的议案比例是自变量。以发生率显示自变量每变化一个单位，因变量随之产生的预期变化。一年中如果没有针对常规决议的投票，唱票表决数量会降至正常水平的 29%，口头表决降至正常水平的 7%，投票总次数降至正常水平的 11%。简单地将某项议案纳入一揽子议案，对于修正案产生的效果较弱，且较难准确评估。将所有议案都并入一揽子议案会使唱票表决、口头表决、投票总次数分别下降至平均水平的 49%、32%和 36%。

表 2.6　在预算程序中弃用常规决议和修正案，1981～2012 年，负二项式回归分析

	模型 A 唱票表决	模型 B 口头表决	模型 C 全部	模型 D 唱票表决	模型 E 口头表决	模型 F 全部
议案比例	−1.23*** (0.26)	−2.71*** (0.47)	−2.24*** (0.34)	−0.70*** (0.26)	−1.12** (0.49)	−1.02*** (0.39)
常数	4.11 (0.11)	5.65 (0.19)	5.81 (0.14)	4.09 (0.15)	5.49 (0.28)	5.71

续表

	模型 A 唱票表决	模型 B 口头表决	模型 C 全部	模型 D 唱票表决	模型 E 口头表决	模型 F 全部
对数似然值	−138.88	−183.57	−188.29	−143.46	−191.19	−197.16
拟 R^2	0.05	0.05	0.06	0.02	0.01	0.02
发生率（标准误差）	0.29 (0.08)	0.07 (0.03)	0.11 (0.04)	0.50 (0.13)	0.33 (0.16)	0.36 (0.14)
N	32	32	32	32	32	32

注：统计学显著性差异在 * $p<0.10$；** $p<0.05$；*** $p<0.01$；双尾检验。

在有限影响力理论中，多数党选择不对拨款议案进行投票，部分原因是为了避免修正案的涌现造成议案投票的停滞，这使得多数党做出有政治风险的选择。由此规律得出一种推断是，如果拨款议案附带很多修正案，多数党会倾向于不进行投票。图 2.11 显示了核心的 13 项开支议案在参议院获得唱票表决的平均数量，纵轴为议案进入常规决议程序的年数，横轴则是议案没有进入投票程序的年数比例，两者呈现 0.63 的正比例关系。

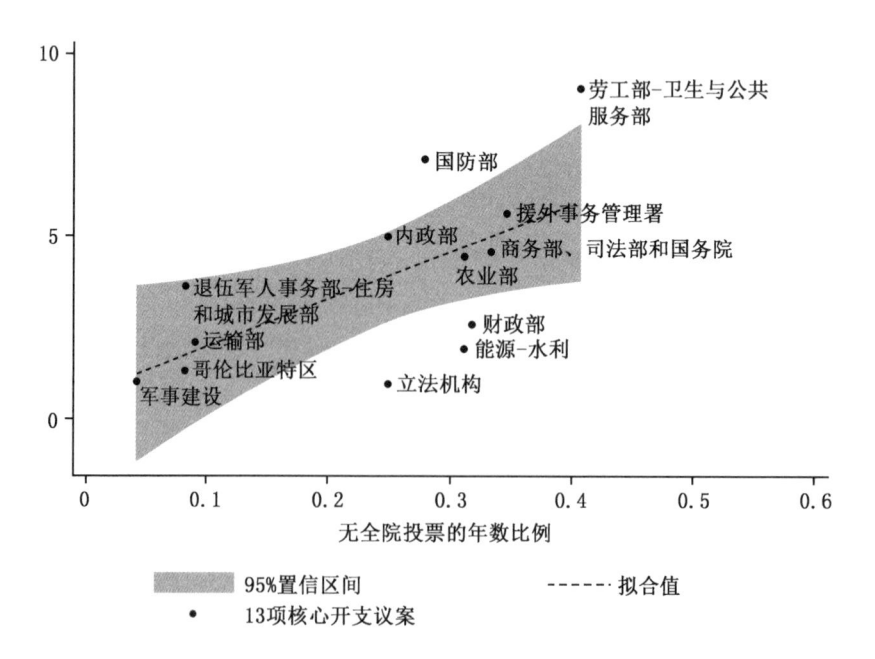

图 2.11　频繁修正的议案以及弃用常规决议分析，美国参议院，1981～2012 年

讨 论

关于修正案的投票模式与有限影响力理论的预测是一致的。多数党通过弃用常规决议限制议员们提交修正案的机会(即使考虑到拨款议案作为一揽子议案的一部分进行公开辩论的可能性)。对于那些频繁修正、容易引起麻烦的议案,多数党更倾向于弃用常规决议。具有讽刺意味的是,多数党想要避免陷入唱票表决的努力大大限制了无争议的口头表决,而对避免唱票表决方面只起到了部分作用。不对常规拨款议案投票使得唱票表决的次数降至通常水平的29%。常规决议遭到弃用时,多数党成员采取的唱票表决会减少,但不会完全停止;对于口头表决而言,这种影响就更为严重。口头决议通过的修正案通常受到议员们的广泛支持,代表了他们希望改进法案的意愿。当预算议案采用常规决议表决时,参议院口头表决通过的修正案平均为190项;当参议院不对所有议案进行表决时,修正案的通过数量降至1/10。多数党想要避免唱票表决所导致的负面作用就是对立法修正的扼杀,这一点揭示了议员们弃用常规决议所付出的代价。

一揽子议案投票

在有限影响力理论中,多数党将一揽子议案作为一种防御策略,用来达成两党联盟以通过预算。多数党虽然更有可能做出政策决定,但为了赢得少数党的支持,在选择自己偏向的政策的时候必须做出妥协。为了验证这种推测,笔者将协商报告最后通过阶段的投票作为基准进行分析。笔者在此采用了《国会季刊》的标准来评估一揽子议案所具有的党派属性:如果一个政党至少有一半人投票反对另一个政党,即可称为党派性投票。在本书研究的38年间,有24年通过了一揽子议案,有24次针对一揽子议案有记录的投票,4次口头表决,1次一致通过。[①]

表2.7　　　　　　　针对一揽子议案的反对程度,1979~2012年

年　份	一揽子议案	多数党反对	少数党反对
1979	众议院共同决议440	0.33	0.29
1980	众议院共同决议644	0.20	0.68

---

① 国会有3次选择通过2个规模较小的一揽子拨款议案,而非大型的一揽子议案。

续表

年 份	一揽子议案	多数党反对	少数党反对
1981	众议院共同决议 370[a]	0.04(1)	0.75(1)
	众议院共同决议 409	0.19(2)	0.17(2)
1982	众议院共同决议 631	0.29	0.59
1983	众议院共同决议 413	口头表决	口头表决
1984	众议院共同决议 648	0.10	0.15
1985	众议院共同决议 465	口头表决	口头表决
1986	众议院共同决议 738	口头表决	口头表决
1987	众议院共同决议 395	0.23	0.46
1995	众议院议案 3019,参议院议案 1594	0.21	0.00
1996	众议院议案 3610(国防部)[b]	0.27	0.02
1998	众议院议案 4328(运输部)	0.38	0.22
1999	众议院议案 3194(哥伦比亚特区)	0.22	0.27
2000	众议院议案 4577(劳工部)[c]	UC(1)	UC(1)
	众议院议案 4635(退伍军人事务部-住房和城市发展部)	0.12(2)	0.05(2)
2002	众议院共同决议 2[d]	0.02	0.41
2003	众议院议案 2673(农业部)	0.08	0.53
2004	众议院议案 4818(援外事务管理署)	0.13	0.51
2006	众议院共同决议 20[d]	0.00	0.31
2007	众议院议案 2764[e]	0.06(1)	0.29(1)
	(国务院-援外事务管理署)	0.52(2)	0.02(2)
2008	众议院议案 2638(国土安全)[c]	0.02	0.23
	众议院议案 1105[d]	口头表决	口头表决
2009	众议院议案 3288(运输部-住房和城市发展部)	0.05	0.91
2010	众议院议案 1473	0.08	0.32
2011	众议院议案 2112(农业部)	0.00(1)	0.64(1)

续表

年 份	一揽子议案	多数党反对	少数党反对
	众议院议案 2055(退伍军人事务部)	0.04(2)	0.65(2)
2012	众议院议案 933	0.02	0.56

a. 众议院共同决议 370 提供拨款至 1982 年 3 月 31 日,众议院共同决议 409 提供拨款至财年结束。

b. 众议院议案 3610 是一份最终版的一揽子协商报告,在其以口头表决方式通过前,参议院首先以唱票表决通过了一项相同的议案(众议院议案 4278),此处引用的是议案 4278 的唱票表决结果。

c. 国会在 2000 年、2008 年、2001 年通过了两项单独的一揽子议案。

d. 由下一届国会通过的一揽子议案。

e. 国会在 2007 年就一揽子议案进行了两次投票,一次是有关战争开支的,另一项是有关议案中其他内容的。议案名称(国防部、劳工部等)表示的是一揽子议案附着的某项常规拨款议案。

表 2.7 罗列了多数党和少数党在 1979～2012 年间对于一揽子议案的反对情况。有 20 次投票少数党的反对率低于 50%或未曾记录,只有 9 次投票少数党的反对率超过了 50%,有 7 次投票多数党的反对率超过了少数党。这些规律更符合那些本质上容易引起两党争议的议案,而非多数党用来推动自己政策倾向的议案。

其他理论

关于多数党在参议院的影响力,有两个重要的辩论观点。第一个是关于参议院多数党是否有能力影响立法结果(或按照传统的说法,结果是由公开投票决定的)。第二个是关于在何种条件下,多数党的影响力更容易被观察到。这是不是多数党强势或弱势的体现,或与多数党的特征毫无关联?本章的最后一节展示了每一种模式的预期结果,以及它们是如何与拨款议案立法过程中的三大重要发现联系起来的:(1)弃用常规决议与多数党党派势力负相关;(2)弃用常规决议会导致修正案数量的全面下降,即使考虑到对一揽子议案进行辩论的可能性;(3)一揽子议案通常会得到两党支持,得以通过。以上的每一个发现都与对一揽子议案的预测相符。笔者将为每一种模式设定预期结果,评估事实证据与预期结果之间的契合度,并考察其他的理论框架。

传统研究认为,参议院多数党缺少影响立法结果的能力(Smith 2005)。如果这种说法是正确的,那么多数党的特征与弃用常规决议这种模式之间就不可能产生系统性的关联,多数党也无力对修正案起到显著的限制作用。由于多数党必须满足少数党的要求以谋求立法通过,所以针对一揽子议案的投票也更可能反映两党联合的意志。党派化的理论框架将弃用常规决议和一揽子议案一同视为议程控制的一种形式。在卡特尔理论中,多数党能够利用消极的议程控制,使政策无法进入立法议程(Cox and McCubbins 2005)。[①] 弃用常规决议应该与多数党的特征无关,同时可能出现修正案的减少。多数党行使消极议程控制手段不会促成单党派性政策的通过,所以针对一揽子议案的投票更有可能是两党联合的决策。在条件性政党政府理论中,当多数党内部团结且与少数党有显著分歧时,多数党会运用自己的影响力来实现政策目标(Aldrich and Rohde 2001)。同质性与党派分歧和弃用常规决议都正相关,但多数党的控制优势与影响力之间没有系统性的联系。多数党的行为有可能导致修正案的减少,而且随着少数党基于本党立场对政策调整做出回应,针对一揽子议案会出现更多党派性的投票。

表 2.8　　　　　　　　　　　模型预测与实际结果

	有限影响力理论	传统参议院理论	条件性政党政府理论	卡特尔理论	结　论
政党特征:					
控制优势	负相关	无关	无法预测	无关	负相关
同质性	负相关	无关	正相关	无关	负相关
差异	正相关	无关	正相关	无关	负相关
其他发现:					
修正案	减少	不变	减少	减少	减少
一揽子议案投票结果	两党支持	两党支持	一党支持	两党支持	两党支持

表 2.8 比较了本章的发现与有限影响力理论以及其他理论预测的结果。其他理论的预测结果与本章的发现并不吻合。修正案的急剧减少、多数党特征与弃用常规决议及提交一揽子议案在统计学上的显著关系都强有力地证明了这些行为是多数党影响力的几种形式。有关参议院的传统理论没有为这些关

---

① 笔者在此只讨论卡特尔理论中有关使用消极议程控制的预测结果,在卡特尔模型中,同质性强的多数党可以使用积极的议程控制手段,其预测结果与有限政党政府理论相契合。

系提出易于理解的解释,卡特尔理论没有解释弃用常规决议与政党权力之间明显的负相关性,条件性政党政府理论无法解释为什么当多数党面临党内意识形态分裂时更容易弃用常规决议,而其影响力的结果却是一项获得两党支持的一揽子议案。条件性政党政府理论预测多数党在团结一致实现政策目标时才会进行议程控制,而有限影响力理论为这些发现提供了最佳解释。当多数党较为弱势、分裂且与少数党分歧严重时,会行使其有限的影响力,通过削减修正案数量和促进预算通过来维护党派名誉。

结　论

本章展示了3种不同类型的定量实证以检验有限影响力理论。首先,回归模型检验了弃用常规决议与党派权力之间的关系,结果显示当多数党较为弱势、分裂且与少数党分歧严重时,更可能放弃对一项议案进行投票表决。其次,随着常规决议中未进行投票的议案数量的减少,拨款议案审议程序中有关修正案的投票次数也会相应减少,即使考虑到有些议案可能会作为一揽子议案的一部分进行辩论。最后,一揽子议案最后通过阶段的投票通常都是受两党支持的。这些发现符合有限影响力理论的预期,就是多数党可以在预算立法程序中发挥有限的影响力,以帮助本党通过预算,完成选举目标。

第三章

第一波浪潮(1979～1987年)

在本章中,笔者进行了一系列案例研究,以分析参议院多数党的特征如何影响他们对年度拨款议案的管理。案例分析的价值是可以检测理论和定量研究的结果是否能够与纷乱复杂的政坛现实相符。笔者分析了参议院多数党弃用常规决议的原因,并结合参议院发生的事件以及对重要因素的理解,来判断以上原因与理论预测是否相符。虽然笔者认为参议院多数党的弱势不是催生出综合拨款议案的唯一因素,但其影响也是显而易见的。同时,笔者也对多数党行为背后的动机进行了综合评估,以分析多数党弃用常规决议的行为是为了采取攻势来达成政策目标,还是在难以控制参议院时保证预算通过的一种防御策略。本章重点分析了罗纳德·里根总统1981～1984年第一轮任期,在此期间,一揽子议案开始变成通过预算的一种常规形式。这段关键时期的事实例证符合有限影响力理论的预测。作为多数党的共和党处于弱势,因为其控制优势较小,且面临党内意识形态分裂。

例如堕胎或学校祷告制度一类的社会问题会造成党内分歧。由共和党人主导的针对拨款议案的冗长辩论频繁发生,削弱了共和党以常规程序通过预算的能力。多数党就此做出的回应是,将临时的持续决议(CR)延长至全年,以替代无法通过的常规拨款议案。当这种全年的替代性决议成为惯例,一揽子拨款议案就由此产生了。有证据显示,打包议案能够帮助多数党减少修正案,确保预算得以通过,但却无法为其带来政策层面的系统性胜利。这些一揽子议案都获得了两党的支持,尽管有时少数党的反对率超过了50%。

分裂的参议院共和党人

参议院多数党的权力在1981年突然出现了急剧弱化,这是由于共和党自1955年以来首次通过选举成为参议院多数党。在此之前,民主党控制参议院已经持续了几十年。在70年代,民主党享有广泛的控制权,与共和党相比,党内意识形态也有较强的统一性。在第96届国会(1979~1980年)期间作为参议院多数党的民主党有58席,第一维度提名分标准误差只有0.15,少数党共和党则为0.21。随着共和党在1980年取得选举胜利,共和党对参议院有了微弱的控制权(53席),但没有改变两党的相对差异性。在第97届国会期间,作为参议院多数党的共和党的提名分标准误差为0.20,更为团结的民主党仅为0.14。

图3.1用两党成员意识形态的散点图来比较两党在参议院控制权上的更迭。横轴显示的是提名分的第一维度数值,通常解读为左派-右派,纵轴显示的是提名分的第二维度数值,这一数据的意义随着时间流逝不断发生改变。在南北战争前,这一数据是指针对奴隶制问题的政见分歧,在20世纪是针对种族问题,今天则变为了社会问题(Poole and Rosenthal 2007)。民主党在每张图上都处于左上角的位置,而共和党则处于右下角。在两张图中,民主党沿横轴的分布都较共和党更为集中,这显示了他们在意识形态方面更强的统一性。当共和党取得对参议院的控制权时,这个优势微弱且倔强的多数党面对的是一群人数众多且团结一致的民主党人。

共和党参议员中也有一些自由主义者,比如马里兰州共和党参议员查尔斯·马赛厄斯(Charles Mathias),康涅狄格州共和党参议员洛威尔·韦克以及俄勒冈州共和党参议员鲍勃·帕克伍德(Bob Packwood)。马赛厄斯据传"将他那些保守主义的同僚折磨到了出人意料的程度",导致共和党拒绝让其出任司法委员会主席一职。[1]韦克"将正义的愤怒升级为一种政治艺术"[2],深受其扰的时任总统罗纳德·里根在日记中把韦克描述为"自以为是,没用的蠢蛋"(Hayward 2009,227)。帕克伍德以对堕胎权的强硬支持态度而著称,他时常使用冗长辩论为其辩护。另外,民主党也有保守派的议员,比如亚拉巴马州民主党参

---

[1] "查尔斯·麦卡蒂·马赛厄斯(共和党)",《美国政治:在华盛顿与各州的国会议员》(Politics in America: Members of Congress in Washington and at Home),第515页(华盛顿特区:国会季刊出版社,1981年)。

[2] "洛威尔·P. 韦克(共和党)",《美国政治:在华盛顿与各州的国会议员》,第202页(华盛顿特区:国会季刊出版社,1981年)。

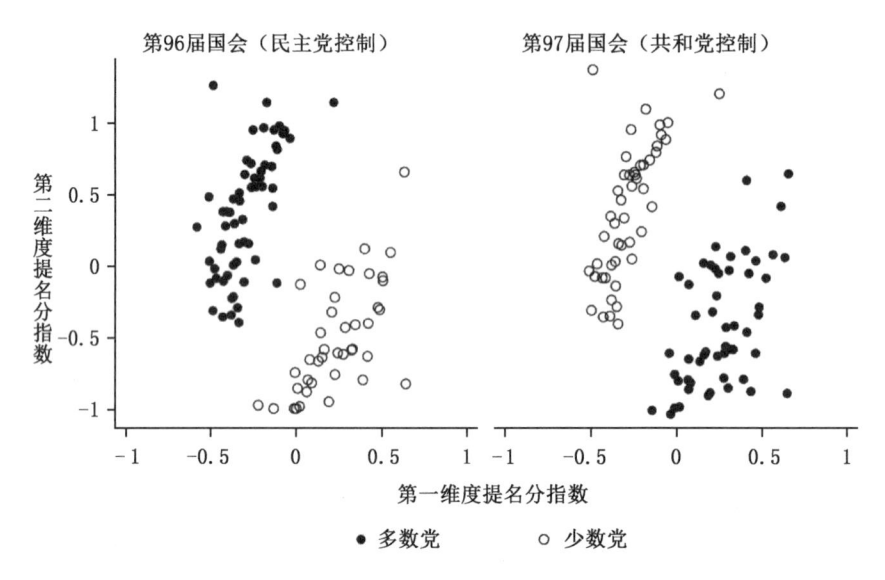

图 3.1　过渡到共和党控制的参议院，第 96~97 届国会，1978~1982 年

议员杰里迈亚·丹顿(Jeremiah Denton)、爱达荷州民主党参议员史蒂文·西姆斯(Steven Symms)以及北卡罗来纳州民主党参议员杰西·赫尔姆斯(Jesse Helms)。参议员丹顿曾在海军服役，当过越战战俘，以宗教保守主义与反堕胎的坚定立场而闻名。西姆斯则是"众议院长达 4 年的游击战中的老兵，他和他的右派同僚不遗余力地使用唱票表决、法定人数点名与修正案等手段给民主党制造麻烦"。[1]赫尔姆斯被视为"保守主义的使徒"，以善于利用参议院规则、针对热点问题提出修正案来引发争议而著称。[2]

共和党人之间的分歧重点体现在诸如学校祷告制度与堕胎之类的社会问题上，这些话题已经成为预算立法程序中司空见惯的辩论议题。某些议案由于其管辖权的缘故，尤其容易引发质疑性的修正案。商务部、司法部以及国务院的议案会产生有关学校祷告制度、取消学校种族隔离等问题的修正案，这是因为它们有对司法的管辖权。劳工部-卫生与公共服务部以及财政部议案会产生有关堕胎的修正案，是因为它们各自对医疗补助以及联邦雇员健康保险计划有管辖权。由共和党议员发起的针对此类问题的冗长辩论一度成为难以解决的问题。

---

[1]　"史蒂文·西姆斯(民主党)"，《美国政治：在华盛顿与各州的国会议员》，第 311 页(华盛顿特区：国会季刊出版社，1981 年)。

[2]　"杰西·赫尔姆斯(民主党)"，《美国政治：在华盛顿与各州的国会议员》，第 891 页(华盛顿特区：国会季刊出版社，1981 年)。

图 3.2 采用第 97 届国会(1981~1982 年)时参议院举行的两次投票的散点图来展示社会问题类附加条款为共和党制造的挑战。第一次是投票通过里根总统 1983 财年联邦预算①，第二次是投票搁置赫尔姆斯参议员提出的禁止堕胎的修正案②。第二维度对于解释预算投票几乎没有参考性，两党沿横轴几乎是完美等分的。再看关于堕胎的投票就十分明显了。两党中反对堕胎的投票都集中在竖轴的正面，支持堕胎的投票都集中在负面。值得注意的是，两个政党都存在支持堕胎者与反对堕胎者，在第一维度的两端都有分布。类似的分布规律还出现在诸如学校祷告制度一类的社会问题的投票中。一揽子拨款议案的第一波浪潮从 1979 年起到 1987 年终，这段时期内的多数党都有控制权弱、同质性低的特点。图 3.3 展示了此时期内未进行投票的常规拨款议案所占的比重(黑色实线)以及被纳入一揽子议案的常规拨款议案的比重(灰色柱状图)，还有多数党的控制优势、同质性以及与少数党的分歧程度。有 30% 的拨款议案未能获得多数党的投票，还有 51% 的拨款议案被纳入了一揽子议案。一揽子议案的内容随着时间推移变得越来越多，至 1986 年与 1987 年，甚至包括了全部的常规拨款议案。自 1988 年开始，多数党重新以常规决议通过拨款议案，这种就单项拨款议案投票的做法一直延续到了 1995 年。

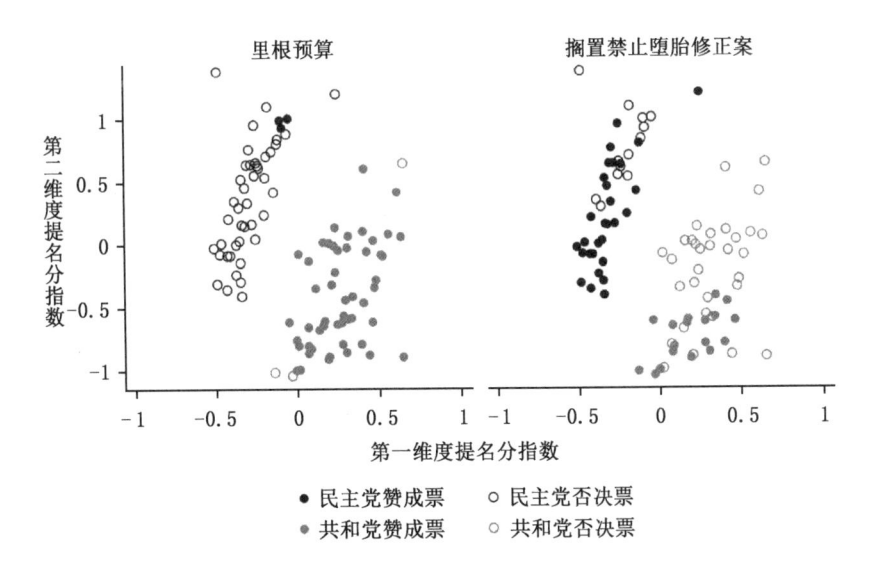

图 3.2 参议院的两个维度的投票，政治与社会议题

---

① 唱票表决 194，美国参议院，第 97 届国会第二次会议，1982 年 6 月 23 日。
② 唱票表决 344，美国参议院，第 97 届国会第二次会议，1982 年 9 月 15 日。

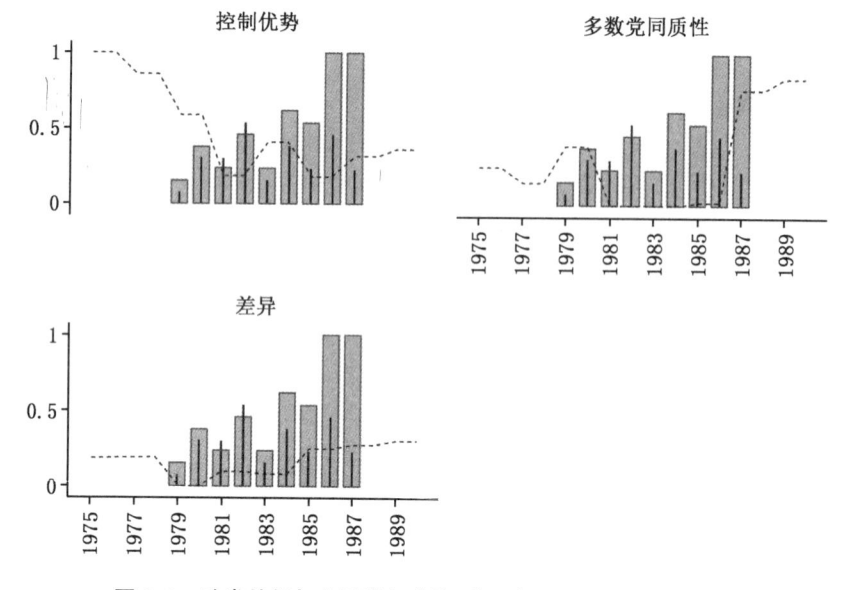

图 3.3　政党特征与弃用常规决议，美国参议院，1975～1990 年

一揽子议案时代的开启

《国会预算与截留控制法案》从 1975 年开始实施，同时公布的还有 1976 财年的预算决议与拨款议案的草案。新的法律使得开支决策变得更为透明，却也招致国会中保守主义者对于联邦开支的质疑。尽管由此产生了很多辩论，但在占压倒性优势的多数党民主党的帮助下，新的预算程序在颁布之初得以顺利实行。随着吉米·卡特的当选，新的预算程序开始面临更大的压力。在卡特当政的最后两年，社会福利与国防项目之间的权衡以及缩小联邦赤字的需求引发了有关预算重点的激烈冲突。随着 1980 年罗纳德·里根总统的上任，以及共和党以微弱优势掌握了参议院控制权，拨款议案的危机开始逐渐加深。

第 97 届国会(1981～1982 年)

罗纳德·里根在入职时的目标是大刀阔斧地改革联邦预算——通过减税和削减国内开支来缩小政府规模。共和党控制的参议院和总统被民主党内的社会保守派视为实现反堕胎和学校祷告制度等政策目标的机会。在卡特总统任期的最后时期，民主党人练就了一种策略，就是通过提交针对拨款议案的修正来促成政策目标。他们的这种做法引起了自由派共和党人和民主党人的激烈反抗,使得单项开支议案的通过变得更为困难,对于因里根总统预算案而日趋紧张的国会环境而言更是火上浇油。在重重压力之下,参议院多数党领袖、田纳西州共和党参议员霍华德·贝克无法将某些单项议案提交投票。为了应对这种局面,他将原本作为临时性政府资助方案的持续决议延长为全年性决议,以此代替无法通过的开支议案。

1981 年

里根总统雄心勃勃的预算目标以及围绕社会问题类附加条款而不断引发的争议,对 1981 年的拨款程序造成了严重阻碍(见表 3.1)。众议院未能通过的议案有 1 项(立法机构),参议院未能通过的议案有 4 项(商务部、司法部和国务院,立法机构,劳工部-卫生与公共服务部,财政部),其中涉及财政部与商务部、司法部和国务院的两项议案由于多数党未能克服党内分歧而未能投票通过。更多证据显示,多数党倾向于不对劳工部-卫生与公共服务部进行投票,以避免出现修正案,阻碍议案通过。针对这些议案的拨款未经常规决议通过,立法机构的拨款最终通过持续决议 H. J. Res. 370 得以解决。

表 3.1　　　1981 年拨款议案的立法历史,第 97 届国会第一次会议

议　案	无全院投票（众议院）	无全院投票（参议院）	包含在一揽子议案中的议案
农业部			
商务部、司法部和国务院		√	√
哥伦比亚特区			
国防部			
能源与水利			
援外事务管理署			
内政部			
劳工部-卫生与公共服务部		√	√
立法机构	√	√	
军事建设			
财政部		√	√
运输部			
退伍军人事务部-住房和城市发展部			
总计	1	4	3

1981年出现的主要危机是国会和总统无法就拨款议案的支出水平达成一致。里根政府在执政第一年的头几个月里都在努力推动一项预算和解议案,试图在未来 3 年削减 1 306 亿美元的开支。受到那年夏天愈加严重的赤字的压力,政府试图推动国会再通过 130 亿美元的开支削减。此项要求遭到了参议院拨款委员会中占多数的共和党人的抵制,致使开支议案的审议程序陷入停滞。① 这就意味着国会在 10 月 1 日新财年开始前无法通过开支议案。

为了给予国会更多时间来通过议案,当局实施了一项临时的持续决议 H. J. Res. 325 来保证政府可以正常运行至 11 月 20 日。② 事实证明,延期的时间并不够,随着 11 月 20 日的期限越来越近,只有 1 项议案得以实行,2 项议案正等待总统的签字,而剩下的 10 项议案都未在国会通过。为了争取更多时间,当局准备了一项新的持续决议 H. J. Res. 357,同时试图根据两院正在审议的新版开支议案来调整持续决议涉及的额度。为此,多数党领袖贝克想要通过尽可能多的议案。参议院批准的议案能够反映参议院的立场,并且提高参议院与众议院的谈判地位。如果贝克失败了,那么众议院批准的开支议案就会自动代替前者。

当议案被提交至参议院时,围绕社会性问题展开的一系列争论使贝克试图通过常规决议的努力化为泡影。由于众议院此前已经通过了关于限制联邦健康计划涵盖堕胎险的修正案,财政部议案成了导火索。尽管参议院拨款委员会以 14∶7 的投票结果反对将其纳入拨款议案,但堕胎问题在参议院审议的时候会重新出现。③ 商务部、司法部和国务院的议案也同样面临争议,保守主义者想要限制司法部干预那些鼓励公立学校自愿祷告的项目。众议院已经在 1981 年夏初以拨款议案修正案的形式达到了这一目的,但该修正案在参议院并不受欢迎,康涅狄格州共和党参议员洛威尔·韦克在拨款委员会中担任商务部、司法部和国务院下属委员会的主席,他起草了一项修正案,准备在拨款议案被提交至参议院审议的时候,以此回击众议院关于学校祷告的陈述。④

在多数党领袖贝克希望尽快通过修正案的压力下,韦克于 11 月 16 日将议

---

① "预算与拨款 1981 年:概览",《国会年鉴 1981 年》,第 37 版,第 245~246 页(华盛顿特区:国会季刊,1982 年),http://library.cqpress.com/cqalmanac/cqal81-1172382。

② "首个持续决议:10 月 1 日~11 月 20 日",《国会年鉴 1981 年》,第 37 版,第 290~294 页(华盛顿特区:国会季刊,1982 年),http://library.cqpress.com/cqalmanac/cqal81-1172511。此外,持续决议也为立法机构提供了一整年的拨款,以避免国会议员们就国会加薪问题直接投票。

③ 劳拉·B. 韦斯:"参议院小组会议建议在 98 亿美元的拨款议案中提高邮政补贴",《国会报道周刊》(1981 年 10 月 3 日),1894。

④ "85 亿美元预算被批准用于国家社会项目",《国会报道周刊》(1981 年 11 月 7 日),2203。

案提交到了参议院。没想到的是,韦克的这份修正案引发了长达 3 天的讨论。作为主席的韦克遇到的第一个障碍就是下属委员会的成员——南卡罗来纳州参议员欧内斯特·霍林斯(Ernest Hollings)提议搁置他的修正案,他的提议以 70∶12 的投票结果得以通过。① 作为回应,韦克准备了新的修正案,将有关祷告的条款表述修正为司法部不会干预"符合《宪法》"的自愿祷告项目。北卡罗来纳州共和党参议员杰西·赫尔姆斯以 51∶34 的投票结果再度搁置了这一修正案,共有 18 位民主党议员投票赞成,12 位反对。②

尽管拉锯战耗费了大量宝贵的时间,但多数党领袖贝克坚持要通过尽可能多的议案。在将议案提交审议的时候,韦克提醒他的同僚们:"多数党领袖希望我们继续审议现有的拨款议案,我想原因是显而易见的,参议院或众议院通过的持续决议会参考两院批准的预算中较低的那一版,或采用协商委员会的决议,参议院仍有机会在这方面做出自己的贡献。"③ 尽管有多数党领袖的多番催促,但关于商务部、司法部和国务院拨款议案的讨论仍耗费了一天的时间。韦克在 11 月 17 日迎来了首场胜利,他的修正案援引了《第一修正案》中的条款,以证明此前有关校园祷告的条款表述是违背《宪法》原则的,但参议员赫尔姆斯很快就以另一项成功通过的修正案回击了韦克,证明原条款的表述是正确无误的。④

在经历了这场失败后,韦克不无沮丧地在参议院发表了演讲。他表示对于拨款部分已经没有争议,委员会也完成了任务。"我们的工作完成了,来自南卡罗来纳州、康涅狄格州的参议员以及下属委员会的成员完成了他们的工作。现在一切都结束了,但我们仍沉溺于对某些观点的争论中,这些观点本就应该成立,无论是基于辩论还是立法。现在这些都将成为持续决议的一部分,所有这些努力都白费了,没有人比我更感到遗憾。"他责备他的共和党同僚试图通过拨款议案修改立法:"我不明白,为什么某些参议员和他们的工作人员能够将拨款议案程序变得如此曲折,以至于我们最后一事无成。"他指出,拨款议案审议程序中越来越多的社会性立法造成了一种局面——"没有拨款议案能够通过投票,结果就是我们得从一个持续决议过渡到另一个持续决议。"⑤ 最终,韦克拒绝将拨款议案提交投票,不久以后,议案就被撤回了。

---

① 国会记录,1981 年 11 月 16 日,27489—27490。
② 唱票表决 377,美国参议院,第 97 届国会第一次会议,1981 年 11 月 16 日。
③ 国会记录,1981 年 11 月 16 日,27520。
④ 唱票表决 380 和 393,美国参议院,第 97 届国会第一次会议,1981 年 11 月 17~18 日。
⑤ 国会记录,1981 年 11 月 18 日,27895—27897。

失去了即时通过议案的机会,多数党领袖贝克提出持续决议 H. J. Res. 357。紧接着,惊人的一幕发生了——众议院决定将上一财年的拨款议案沿用至本财年结束,不再需要通过常规拨款议案了。这一举动在参议院引起了一片哗然,因为这意味着将权力拱手让给总统,参议院辩论与修改立法的权利受到了限制。民主党参议员、拨款委员会的资深成员威廉·普罗克斯迈尔(William Proxmire)谴责了这一做法:这么做意味着我们试图将整个联邦政府今年的预算塞进一个 26 页的决议文件里,而这里面涵盖了上百个政府部门、办公室、机构以及数以千计的项目。我们在难以承受的时间压力下工作——我们必须在周五的午夜之前让决议生效,否则整个政府就会突然停摆……我们要在 12~18 个小时内完成以往要持续几天甚至几周的辩论、几十项修正案以及所有围绕议案展开的交流、批评、诘问和检查。这意味着我们必须仓促地推进这些极为复杂的议案,从国会到拨款委员会,再转到协商委员会,这一切都要在 3 个工作日内完成。①

关于如何达成里根总统制定的预算削减目标,参议院进行了通宵的激烈辩论,最终在 11 月 20 日一早达成了共识:预算延期被缩短至 6 个月,开支削减比例定为 4%。几个小时后,里根总统否决了持续决议 H. J. Res. 357,理由是开支过高,联邦雇员们首次体验到了政府全面关门。② 国会领袖为了制止危机,通过了一项新的临时持续决议,将原来的 H. J. Res. 325 决议延期到了 12 月 15 日。③

参议院拒绝通过全年性的持续决议,迫使多数党领袖贝克必须单独通过拨款议案,同时仍然需要对棘手的社会政策问题做出决策。贝克在 12 月 9 日再度提交了商务部、司法部和国务院的拨款议案,试图在临时决议过期前通过议案。事实证明,关于学校祷告的问题仍然无法解决,韦克因此拒绝将议案提交投票。作为回应,参议员赫尔姆斯提出程序性动议,要求终止辩论。④ 参议院最终没有批准立即进行投票,议案于是被搁置了。贝克还试图就财政部的议案展开辩论,但希望能一致通过的请求遭到了反对。

多数党领袖贝克将他全部的注意力都放在与众议院以及当局协商一项新

---

① 国会记录,1981 年 11 月 18 日,27903。
② "第二次持续决议:里根第一次否决",《国会年鉴 1981 年》,第 37 版,第 294~301 页(华盛顿特区:国会季刊,1982 年),http://library.cqpress.com/cqalmanac/cqal81-1172528。
③ 哈里森·唐纳利:"国会周末紧急制定了 3 周的拨款协议,政府关门宣告结束",《国会报道周刊》(1981 年 11 月 28 日),2324。
④ 国会记录,1981 年 12 月 9 日,30126。

的持续决议上。国会和总统最终批准了一项新的持续决议(H. J. Res. 370),在1982年3月31日之前,此项决议将代替任何未能通过常规决议的拨款议案。在起草阶段,除了能源与水利、哥伦比亚特区以及立法机构,其他所有的预算议案都被纳入了此项决议。尽管这项新的决议按照里根总统的计划削减了所有的国内开支项目近一半的预算,但对参议员韦克而言,它带来了胜利的消息——决议没有对学校祷告制度发表任何意见。对于支持堕胎的人士来说,这也是一场胜利——决议要求由财政部议案资助的联邦雇员健康保险计划按照参议院所拟的规定,将堕胎纳入其中。①

这项决议在参议院经过了两个立法日的辩论,最后投票通过了。投票结果显示有严重的党派化倾向——民主党有11名议员赞成,33名反对;共和党共有49人赞成,2人反对。② 尽管决议覆盖范围很广——包括10项单独的开支议案——但议案审核的速度,以及议会成员希望就每项议案单独进行辩论的做法,解释了参议院为何只就8项修正案进行了投票。辩论时间的缩短对于劳工部-卫生与公共服务部议案的影响尤为明显,因为这是议员们提交修正案的最后机会。此前的持续决议(H. R. 4560)在众议院经历了激烈的辩论,议员们就21项修正案进行了投票,但参议院从未单独就这份决议进行审议。

在常规决议得到通过之后,参议院在圣诞假期前努力将更多的议案纳入常规决议。当一项法案被正式颁布后,它就退出了常规决议,政府部门会按新颁布的法案规定得到拨款。最后,只有商务部、司法部和国务院议案,财政部议案,以及劳工部-卫生与公共服务部议案未能通过。商务部、司法部和国务院议案在常规决议通过后曾进入投票程序,但由于参议员韦克和其他14名共和党议员与20名民主党议员一起投了反对票,参议员赫尔姆斯的程序性动议最终失败了。③ 由于类似的原因(可能会出现有关堕胎或者支出水平的修正案),参议院领袖没有再就劳工部-卫生与公共服务部议案进行投票。

参议院确实就财政部议案进行了辩论,但正如许多人担心的那样,由此点燃了关于堕胎的激烈辩论。亚拉巴马州民主党参议员杰里迈亚·丹顿提交了一份修正案,要求将众议院通过的堕胎限制附加到议案中,但当丹顿试图就此项决议发起投票时,遭到了俄勒冈州共和党参议员鲍勃·帕克伍德的多次反

---

① 哈里森·唐纳利:"临时拨款议案在国会通过,40亿美元削减得到批准",《国会报道周刊》(1981年12月12日),第2428~2429页。
② 唱票表决482,美国参议院,第97届国会第一次会议,1981年12月11日。
③ 唱票表决483,美国参议院,第97届国会第一次会议,1981年12月11日。

对。① 此项议案因此遭到了参议院的搁置,最后也没有作为独立议案得到通过。观察家们注意到,"国会的混乱、修正案本身的争议性以及议会临近结束的时间压力"最终使得参议院领袖将这项议案撤回。② 由于参议院无法解决这些争议,持续决议就代替常规议案成为提供临时性拨款的主要工具。

持续决议在3月过期之后,又被延长到了该财年年底。委员会主席、俄勒冈州共和党参议员马克·哈特菲尔德(Mark Hatfield)表达了对程序的不满:"我非常希望参议院能考虑持续决议中涵盖的3项议案,可是因为议程安排、害怕出现附加条款以及迟迟不能做出有关预算的最终决定,我们离这个目标越来越远了。"哈特菲尔德表示,他会反对任何修正案的提交,"我们不能冒险接受任何持续决议的修正案,一旦这么做了,就好比打开了潘多拉盒子。由于所有的参议员都有权提出修正案,我们会陷入有关堕胎、学校祷告、校车等老生常谈的议题"。③

1981年涵盖3项议案的持续决议的出炉,符合我此前的推论——弱势的多数党在无法掌控议会时,会使用一揽子议案。④ 一开始,围绕里根总统预算削减的激烈辩论让国会陷入了僵持,但大多数的开支议案最终还是分别通过了投票。3项议案未能通过的原因可以用参议院政治来解释。参议院共和党的内部矛盾使得商务部、司法部和国务院议案以及财政部议案在通过众议院投票后,在参议院遭遇了滑铁卢。有关劳工部-卫生与公共服务部议案的证据显示,多数党采用了消极议程控制的手段,通过将社会福利议案限制在持续决议的框架内来限制棘手的修正案。值得注意的是,持续决议 H. J. Res. 370 在诸如学校祷告、堕胎等社会性议题上没有选择众议院和占多数的参议院共和党议员所偏向的保守立场。另外,持续决议将预算降至众议院和参议院预算委员会批准的最低标准以下,在预算方面表现出了更为保守的倾向。这也许可以解释为什么持续决议的投票结果会呈现出党派化。总而言之,1981年的拨款程序展示了国会是如何通过试验、犯错与适应调整,由常规决议向非常规的综合性议案过渡的。一开始,参议院多数党并没有打算制定综合性议案,但当他们发现以上3项议案在参议院无法顺利通过时,转而使用临时的持续决议来为财年提供财政拨款。

---

① 国会记录,1981年12月14日,31101。
② 劳拉·B. 韦斯:"财政部拨款议案遭联邦雇员堕胎问题裹挟",《国会报道周刊》(1982年1月9日),第48页。
③ 国会记录,1982年3月29日,5634。
④ 立法机构开支议案受自身的政治性因素驱动,在此前的持续决议中得以通过。国会此举主要是为了避免让参众两院的议员们陷入围绕加薪问题的"艰难投票"。

1982 年

国会在 1981 年朝着综合性议案迈出的试验性步伐,为 1982 年新的立法程序的形成铺平了道路。1982 年,未经参议院投票的议案有 7 项,其中 6 项最终被纳入了时效为 1 年的持续决议中(见表 3.2)。1981 年,参议员贝克试图将大多数拨款议案提交参议院进行辩论,但却无法使这些议案进入最后的投票程序。到了 1982 年,参议院多数党索性放弃了将 6 项法案单独提交辩论的做法,也没有像以往那样就持续决议的有效期进行争论。他们就为期 1 年的持续决议展开辩论,而不是针对每项议案单独展开辩论。

表 3.2　　1982 年拨款议案的立法历史,第 97 届国会第二次会议

议 案	无全院投票（众议院）	无全院投票（参议院）	包含在一揽子议案中的议案
农业部			
商务部、司法部和国务院		√	√
哥伦比亚特区			
国防部		√	√
能源与水利	√	√	
援外事务管理署	√	√	√
内政部			
劳工部-卫生与公共服务部		√	√
立法机构	√	√	
军事建设			
财政部		√	√
运输部			
退伍军人事务部-住房和城市发展部			
总计	3	7	6

不对未经投票的议案进行公开辩论避免了对议案进行逐项审议,这种行为模式大体上符合此前的推论——多数党控制参议院的难度会促使他们放弃使用常规决议。由于多数党无法调和自由派和保守派共和党成员之间的矛盾,1982 年的参议院成为背叛者的竞技场。会议中开始出现越来越多的冗长辩论,其中一次在新财年开始前整整持续了 5 个星期。《国会年鉴》中的一次会议纪要中写道,由于冗长辩论的频繁出现,"当 12 月份休会期来临的时候,参议员们

已经筋疲力尽、满腹辛酸,很多人抱怨参议院的规则需要改变"。① 在这种情况下,参议院放弃了逐项通过议案的做法,转而将议案打包到一起。

当1982年初,第97届国会再次召开会议的时候,里根政府提出了削减1983财年的应享权益支出和自由支出的要求。考虑到该年正值选举年,以及1981年旷日持久的预算辩论战造成的内耗,国会在削减支出问题上表现出了犹豫。国会领袖们没有接受里根总统提出的预算削减方案,他们商议制订了针对军费预算的适度削减方案,并计划增税983亿美元。当预算决议最终于6月23日通过国会审议时,针对预算的讨论已经耗费了5个月的时间,离通过预算的法定期限已过去了6周。这进一步影响了众议院预算委员会的工作进程,他们通常会在年初编写预算议案,在夏初提交给参议院审议。当参议院于9月开始审议预算的时候,离新的财年开始只剩下1个月的时间了。

这意味着在10月1日新财年开始前,参议院必须尽快通过开支议案,但审议程序由于对各类社会问题的辩论而陷入了停滞。一项必须通过的限制国家债务的议案在8月16日被提交公开辩论,立刻就遭到了保守派参议员的阻挠(通过提交与堕胎、学校祷告有关的附加条款)。作为反击,由俄勒冈州共和党参议员鲍勃·帕克伍德领导的自由派议员采取了冗长辩论的策略。参议员帕克伍德采用了传统的冗长辩论方法——连篇累牍地陈述堕胎问题在美国的历史。在长达5周的时间内,由共和党和民主党组成的同盟努力阻止保守性议案进入投票程序。② 19名共和党参议员和25名民主党参议员一起,采用冗长辩论来阻止对赫尔姆斯修正案(限制堕胎)的投票。③ 最终,保守派议员投降了,国家债务限额议案在没有任何社会附加条款的情况下于9月23日获得了通过。④

关于债务限额的讨论在财年的关键时刻耗费了不少时间。政府部门的拨款计划距离10月1日到期仅剩一周,但国会只通过了13项开支议案中的1项。颁布临时的持续决议已是无可避免,同时,鉴于议员们希望回到所在州准备秋天的选举,对决议还需要预留出充足的时间。在重重压力之下,国会领袖起草了一份持续决议(H. J. Res. 599),规定国会在1982年12月17日前必须通过常

---

① "国会与政府1982年:概览",《国会年鉴1982年》,第38版,第507~508页(华盛顿特区:国会季刊,1983年),http://library. cqpress. com/cqalmanac/cqal82-1163331。
② "参议院否决堕胎、学校祷告附加条款",《国会年鉴1982年》,第38版,第403~405页(华盛顿特区:国会季刊, 1983 年), http://o-library. cqpress. com. bianca. penlib. du. edu/cqalmanac/cqal82-1164771。
③ 唱票表决343,美国参议院第97届国会第二次会议,1982年9月15日。
④ "债务限额上涨",《国会年鉴1982年》,第38版,第44~45页(华盛顿特区:国会季刊,1983年),http://library. cqpress. com/cqalmanac/cqal82-1163541。

规开支议案。参议院随后就草案开展了匆忙而热烈的讨论,参议员们对修正案进行了 36 次投票。持续决议在参议院以 76∶26 获得了初步通过,赢得了来自两党的大多数议员的支持。① 国会在 10 月 1 日几乎毫无争议地通过了最终决议,随即进入了休会,里根总统在第二天签署了该项决议。

当国会于 11 月 30 日重新召开"跛脚鸭"会议的时候,通过余下的开支议案就成了最为紧迫的任务。第 97 届国会即将换届,当第 98 届国会在 1 月正式成立后,所有未完成的立法事项都会过期失效。这就意味着参议院拨款委员会的工作会化为乌有,议员们必须重新起草那些未通过的议案。

在这一过程中,出现了几个成功的例子。在 12 月初,参议院审议通过了哥伦比亚特区、内政部与运输部的议案,也最终通过了 9 月份两院已经批准的农业部会议报告。其他的议案都面临着相同的风险——会触发有关堕胎或学校祷告的辩论,国家债务限额议案在审议时就因此耗费了大量时间。一如往常,众议院在商务部、司法部和国务院的议案中附加了限制司法部干涉学校祷告的条款,在财政部议案中也附加了禁止联邦健康保险政策为堕胎提供服务的限制性条款。这两项于 1981 年在参议院引发争议的条款在 1982 年都没有被提交参议院进行辩论。

参议院继续实践着创新的做法。一项新的决议案(H. J. Res. 631)在 12 月 16 日被提交到了参议院,里面包含了单独议案中已经被拨款委员会批准的内容,有效期持续至该财年年底。此举允许参议院同时通过剩余的全部议案,而不是将 1981 年的开支议案更新金额后加以延长。拨款委员会成员、阿拉斯加州共和党参议员泰德·史蒂文斯解释道:"在这种情况下,我们会用 1 项议案来通过 10 项单独的议案。这不同于以往的做法,不仅仅是数字的叠加,我们对议案以及报告都设了双倍的限制。"②

虽然这项持续决议涵盖了 10 项议案,但实际有效的只有 6 项。其他 4 项议案即将进行常规决议,一旦得以通过,就不再属于持续决议了。余下的 6 项还未经过参议院审议的议案仍然被包含在持续决议之内。这种将多项议案作为整体而非独立项进行审议的做法在参议院开创了新的局面。由于临时的持续决议有效期只有一天,议员们需要在有限的时间内审议大量的议案,这招致了他们的怨怒。阿肯色州民主党参议员大卫·普莱尔(David Pryor)为此抱怨道:

---

① 参议院唱票表决 373,1982 年 9 月 29 日。
② 国会记录,1982 年 12 月 16 日,31317。

"我们得在25个小时内通过6项议案,这意味着明天晚上,我们只能在每项修正案上花几分钟进行讨论……我想问的是,拨款程序在哪里?我们原有的审阅和讨论的机会在哪里?从地球上消失了吗?……现在整个参议院都明白,在接下来的24小时内,我们要讨论关闭政府,讨论削减社会保障金。我们得鼓励大家把辩论的时间控制在2～3分钟内。这种事过去已经发生过,明天晚上还会发生。"①

拨款委员会主席哈特菲尔德同意普莱尔的观点,认为持续决议"不是正确的办事方式"。"我们所要做的……就是将1983年视为注定要失败的一年",然后在下个财年从零开始。② 他认为预算限制、预算决议的延迟所带来的时间压力,以及围绕附加条款的争论,使得参议院不得不接受持续决议。想要及时通过拨款议案,参议院除了需要克服预算程序方面的阻碍,还面临着另一项日趋严峻的挑战——议员们会将拨款议案视为提交附加法律条款的工具,这种做法在国会已蔚然成风。

由于正常的授权和立法过程无法为议员提供足够的解决问题的机会,议员们越来越倾向于将需要定期通过的拨款议案作为提交附加法律条款的工具。这些法律条款的主题五花八门,从堕胎、二手车交易到国会关注的各种重大事项。拨款委员会不仅要努力理解那些超出其专业范围的事务与规定,还得不时忍受围绕争议性问题展开的冗长辩论与考量……这些阻力都使得持续决议的出台成为必然,尽管后者会造成政府项目管理与运营效率低下。③

哈特菲尔德敦促他的同僚尽快通过议案。多数党领袖霍华德·贝克也赞成哈特菲尔德的呼吁,他指出,拨款委员会只花了4个小时就批准了持续决议,所有的参议员都应以此为榜样。④

12月17日午夜,参议员们在政府即将关门的阴影下完成了工作。关于持续决议的辩论从16日晚上持续到了17日一整天。没有人提起学校祷告,但众议院关于联邦医疗保险覆盖堕胎的禁止条款仍然成了首当其冲的议题。两党同意将有关堕胎的辩论压缩至20分钟以内,众议院的条款也以49∶48的投票结果被否决了,政府拨款决议在午夜失效了。⑤ 议案仍然没有完全通过,但由于那是一个周五,政府部门在周末不工作,政府因此暂时避免了关门的厄运。

---

① 国会记录,1982年12月16日,31317。
② 国会记录,1982年12月16日,31316。
③ 国会记录,1982年12月16日,31313-31314。
④ 国会记录,1982年12月16日,31313。
⑤ 国会记录,1982年12月16日,31390-31397。

议案的终稿在周末完成了,在参议院两党以63∶61的多数赞成票通过新的持续决议前,参议员们总共对修正案进行了71次投票。① 由于受到里根总统的否决威胁,一项有关就业项目的拨款议案最终被撤销了,这导致6名民主党参议员放弃了对议案的支持。协商会议报告于12月20日周一以55∶41的投票结果在参议院得以通过。44名民主党成员中的26名投了反对票。从理论上来说,政府在周一就已经没有经费了,但由于里根总统表示他会签署议案,并颁布了行政命令指示所有政府办公室人员继续工作,政府最终避免了关门。②

1982年所经历的拨款程序与之前的推论是相符的。多数党对于参议院的掌控力不足。一些时间方面的限制超出了其掌控范围(例如众议院编写预算议案的时间被推迟了),但另一些限制,比如针对国家债务限额议案的冗长辩论,则是参议院政治斗争的结果。多数党决定制定持续决议的做法不是其强大实力的体现,而是经过斟酌的结果——拨款议案是"注定要失败的事",但作为多数党又不得不通过预算。议员们针对持续决议积极进行修正,但立法程序受到了一定限制——他们只有20分钟用来讨论诸如堕胎之类的爆炸性议题。最终版的议案得到了两党的支持,这一点也和理论的推论相符——综合性议案通常不会呈现出强烈的党派化倾向。

第98届国会(1983~1984年)

1983年

1982年的中期选举让民主党赢得了有限的胜利。民主党在众议院增加了26席,在参议院的议席保持不变。当时的政治观察家们认为,随着参议院"温和的共和党阵营"控制了国会,里根总统的任期已进入尾声。③ 里根总统的预算初稿一提交到新的国会就立刻被否决了,共和党和民主党都忙着编写本党版本的预算。④

---

① "1983年第二次持续决议:3 790亿美元",《国会年鉴1982年》,第38版,第238~242页(华盛顿特区:国会季刊,1983年),http://library.cqpress.com/cqalmanac/cqal82-1164141。

② 戴尔·塔特:"3 790亿美元的临时性拨款议案得以通过",《国会报道周刊》(1982年12月25日),第3092~3094页。

③ 《美国政治:在华盛顿与各州的国会议员》(华盛顿特区:国会季刊,1983年)。

④ "经济政策,1983年概览",《国会年鉴1983年》,第39版,第217~218页(华盛顿特区:国会季刊,1984年),http://library.cqpress.com/cqalmanac/cqal83-1198703。

1983年,参议院未进行投票的议案只有两项:援外事务管理署议案和财政部议案(见表3.3)。这两项议案和农业部议案一起,都被纳入了全年性的持续决议(H. J. Res. 413)中。多数党弃用常规决议的原因被清楚地记录在案。援外事务管理署议案从来就不受欢迎,因为内容涉及向国外提供援助,众议院就没有制定过该项议案。财政部议案仍然被围绕堕胎问题的纷争所困扰,多数党领袖贝克试图将该项议案单独提交审议的做法受到了阻挠。最后,尽管参众两院都已批准了农业部议案,但两院和总统之间的分歧又使得该议案被纳入了持续决议中。

表3.3　　　　1983年拨款议案的立法历史,第98届国会第一次会议

议　案	无全院投票（众议院）	无全院投票（参议院）	包含在一揽子议案中的议案
农业部			√
商务部、司法部和国务院			
哥伦比亚特区			
国防部			
能源与水利			
援外事务管理署	√	√	√
内政部			
劳工部-卫生与公共服务部			
立法机构			
军事建设			
财政部		√	√
运输部			
退伍军人事务部-住房和城市发展部			
总计	1	2	3

这一年开头还算顺利。国会在10月1日财年开始前通过的拨款议案数量超过了自1978年以来的任何一年。4项议案已经被总统签署成为法律,另外2项正在等待总统签署。此外,还剩下7项议案有待通过。为此,国会通过了一项持续决议,规定国会在11月10日之前完成全部审议工作。大多数议案进展得很顺利,但财政部议案还是遭遇了有关堕胎问题的辩论。众议院拨款委员会又一次在议案中附加了禁止联邦医疗保险覆盖堕胎的条款。众议院原本在6月8日否决了该项议案,当时保守派议员们联合起来反对开支数额,自由派议

员们则反对有关堕胎的附加条款。10月27日,在众议院领袖呼吁将此事提交到参议院后,略加修改的第二稿议案以口头表决的方式通过了众议院投票。① 与此同时,参议院拨款委员会依照惯例,没有在参议院起草的议案中加入有关堕胎的限制性条款。②

随着第一份持续决议即将在11月到期,审议财政部议案成了参议院的紧要任务。此时,还有5项议案有待通过。参众两院一方面各自起草了一份持续至财年底的持续决议,另一方面也尽可能通过更多的单项议案。遵循上一年的管理,一旦议案得以通过,就不再隶属于持续决议了。③ 多数党领袖贝克此时面临的问题是:财政部议案在进入投票程序前,必将经历一番激烈的辩论。

为了讨论财政部议案,多数党领袖贝克需要获得参议院的一致同意。事实证明,这是不可能的。俄克拉何马州共和党参议员唐·尼克尔斯(Don Nickles)警告说,如果参议院开始审议此项议案,必然会引发冗长辩论,这会耗费参议院休会前所剩无几的宝贵时间。④ 果然,在经历了数小时的辩论后,贝克承认无法获得推动议案所需的一致意见。⑤ 这就意味着此项议案需要被纳入持续决议,关于堕胎问题的辩论也将基于持续决议展开。为政府提供拨款的决议在第二天午夜就将失效,留给参议院的时间不多了。

多数党领袖贝克将参议院版本的持续决议 S. J. Res. 194 提交审议,该版本的持续决议没有包含堕胎条款,但参议员杰里迈亚·丹顿很快就提交了一项修正案,要求联邦雇员健康保险计划不得覆盖堕胎。⑥ 此举遭到了参议员韦克和帕克伍德的带头反对,认为争议性的修正案会降低持续决议通过的概率。"当前的持续决议明天午夜就要失效了,"韦克表示,"如果有人提出持续决议应该保持简洁明了,我们现在已经做到了。"⑦ 韦克搁置修正案的提议很快就失败了,帕克伍德转而采用冗长辩论策略,像上次关于1842年的债务限额的讨论时那

---

① 罗伯特·罗斯曼:"众议院批准财政部议案",《国会报道周刊》(1983年10月29日),第2269~2270页。
② 罗伯特·罗斯曼:"新的财政部拨款议案已提交",《国会报道周刊》(1983年10月22日),第2174页。
③ 参见拨款委员会主席哈特菲尔德的评论:"参议院通过了一项国防部开支议案,计划马上就要提交至协商会议。当然,等会议结束的时候,我们会就会议报告投票。如果我们通过了会议报告,总统也签署了,那么这项议案就会从持续决议中剔除。"(国会记录,1983年11月10日,31949)
④ 国会记录,1983年11月9日,31661。
⑤ 同上,31664。
⑥ 同上,31669。
⑦ 同上,31671。

样,他开始朗读有关美国堕胎历史的著述。①

随着参议院在堕胎的问题上僵持不下,众议院通过了自己版本的持续决议,H. J. Res. 413,里面一如既往地附带了限制联邦雇员健康保险计划覆盖堕胎项目的条款。第二天,面对临时决议即将失效、参议院就丹顿的修正案僵持不下的情形,贝克决定加快速度,将众议院版本的临时决议提交讨论。众议院的版本显然有利于持反堕胎立场的参议员。对于原文中已经含有的堕胎条款,帕克伍德和韦克唯一的选择就是提出修正案,但这种做法的成功性几乎为零,剩下的就只有通过冗长辩论来阻止整个议案通过了。相比之下,提出修正案是一种更危险的策略,因为这样他们就必须代替丹顿承担临时决议无法通过的责任。

这场辩论由于拨款委员会主席马克·哈特菲尔德提交的针对堕胎条款的修正案而告一段落。哈特菲尔德一方面反对堕胎,但另一方面他也反对过度管理联邦雇员健康保险计划。他和多数党领袖贝克,以及参议员韦克和帕克伍德一起投票支持修改堕胎条款的表述,但最终以43∶44的结果惜败。② 对韦克和帕克伍德而言,只剩下冗长辩论这一个选择了,而为政府提供资金的现行持续决议在几个小时以后就要失效了。为此,贝克和哈特菲尔德请求韦克和帕克伍德让辩论继续进行。贝克在参议院呼吁:"我们应该继续去做别的事情,可以的话,我想请所有的参议员在今晚12点之前考虑并通过这项议案。"③

韦克和帕克伍德最终选择了停战。他们曾在1981年和1982年阻止该项条款被附加到财政部议案中,也曾经在讨论债务限额议案的时候,通过数周的冗长辩论阻挠了有关堕胎限制的条款。这次,面对政府即将关门的困境,他们终止了冗长辩论,接受了失败。④ 参议院在经历了激烈的辩论以及十几轮投票后,于11月11日通过了参议院版本的临时决议,并在翌日批准了协商会议报告。两次投票都是口头表决,所以党派分歧无从统计。如同预想的那样,当国会以常规决议审议议案的时候,商务部、司法部、国务院与国防部的议案没有通过,而是被纳入了该年的临时决议。

1983年拨款议案的命运反映了导致弃用常规决议的一系列情形。众议院无法就援外事务管理署议案采取行动,以及里根总统对农业部议案的反对,导致这两项议案都被并入了最终的一揽子议案中,而财政部议案的加入则是由于

---

① 国会记录,1983年11月9日,31675。另参见唱票表决345,美国参议院第98届国会第一次会议,1983年11月9日。
② 唱票表决349,美国参议院第98届国会第一次会议,1983年11月10日。
③ 国会记录,1983年11月10日,31949。
④ 同上。

参议院领袖无法克服反对意见,让参议院就此议案单独进行投票。在审议临时决议时,有关堕胎的讨论就爆发了,而事情的结果值得玩味。议员们对于承担阻碍临时性决议通过的罪责颇为谨慎,当冗长辩论成为阻碍议案通过的唯一选择时,堕胎权的支持者放弃了斗争。

1984 年

1984 年,共和党作为多数党的脆弱性暴露无遗,无力招架参议院规则许可的拖延手段。在里根总统首个任期的最后一年,由于参议院民主党以冗长辩论阻挠农业部议案通过所需的预算豁免,本来开局顺利的拨款议案议程再次被打乱。民主党的做法推迟了参议院审议所有议案的进程,导致参议院无法就 5 项议案进行投票,只能将 8 项开支议案合并到一起变成一揽子议案(见表 3.4)。

表 3.4　　　　1984 年拨款议案的立法历史,第 98 届国会第二次会议

议　案	无全院投票（众议院）	无全院投票（参议院）	包含在一揽子议案中的议案
农业部			√
商务部、司法部和国务院			
哥伦比亚特区			√
国防部	√	√	√
能源与水利			
援外事务管理署	√	√	√
内政部		√	√
劳工部-卫生与公共服务部			
立法机构			
军事建设		√	√
财政部			√
运输部	√	√	√
退伍军人事务部-住房和城市发展部			
总计	3	5	8

预示着 1984 年充满挑战的第一个征兆是,参众两院未能通过为该年设定开支上限的联合预算决议,导致失败的原因较为复杂,主要有两点:首先,参众两院在编写议案时使用的是不同的开支上限,这就使得它们之后不得不重新就此协商。其次,这意味着提交到两院的议案都违反了《预算法案》,并受议程限

制而终止了讨论。众议院对预算豁免的操作相对宽松，并通过了覆盖所有议案的一般豁免。参议院的做法则截然不同，参议员通常需要针对单项议案指定豁免，或投票决定是否要延续某个参议员的动议。这种做法富有争议，可能导致冗长辩论的出现，阻碍议案通过。

尽管面对诸多的不确定因素，预算季仍然迎来了良好的开局。众议院在6月底之前就8项议案进行了投票，参议院是5项，两院似乎都朝着以常规决议完成大部分议案的目标顺利挺进。但随着8月来临，由于参议院的民主党议员不满预算缺乏，形势再度趋于失控。8月1日，佛罗里达州民主党参议员劳顿·奇利斯（Lawton Chiles）公开反对多数党领袖贝克让参议院一致通过对农业部议案做出预算豁免的请求，"既然我们的领袖竭尽所能想要豁免这一年的预算，我认为我们应该暂停脚步……在我们继续审议其他预算议案之前，我们需要一项预算决议"。[1] 参议员奇利斯和他的同盟用持续一周的冗长辩论阻碍了多数党领袖终结辩论的努力，辩论直到8月8日才得以终止。[2]

在经历了两天的讨论之后，参议院于8月10日批准了农业部议案，但参议员奇利斯并没有就此止步。多数党领袖贝克下一步准备提交审议的哥伦比亚特区的议案也需要预算豁免，参议员奇利斯明确表示，要获得他的同意，必须将参众两院的领袖聚集起来举行高层峰会，为国防部议案制定一个总的预算数字，并为其他议案指明方向。为了避免又一场旷日持久的辩论，贝克不得不同意了他的请求。他们之间的对话清晰地展示了多数党对于参议员个人合作的仰赖。贝克意识到在劳动节之前召开峰会是不可能的，而他为了立即通过哥伦比亚特区的预算又不得不表现出乞求的姿态。"我们可以先通过一项预算议案吗？"贝克问道，同时指出剩下的6项议案必须再等等。参议员奇利斯对此回答道："我非常尊重多数党领袖想先通过哥伦比亚特区议案的请求，我很感谢他指出我们需要维护预算立法程序，不会急着通过全部议案……我当然也没有异议。"见到哥伦比亚特区议案的命运尘埃落定，贝克回答道："感谢参议员奇利斯，感激不尽。"[3]

峰会的时间安排使得参议院想以常规决议通过剩余议案变得更为复杂。参众两院的领导直至9月20日才就开支水平达成了一致意见，此时距离下个财年开始只有11天了。即将到来的选举又再度加剧了事态的复杂性，因为议员们希望能够尽快开展竞选活动。在重重压力之下，参议院只通过了一项议案

---

[1] 国会记录，1984年8月1日，21785。
[2] 国会记录，1984年8月8日，22721。
[3] 国会记录，1984年8月10日，23736。

(劳工部-卫生与公共服务部议案),便将剩下未能通过国会审议的议案打包起来纳入了全年的持续决议中。①

参议院勉强通过的劳工部议案差点就成了持续决议的一部分,坎坷的审议过程充斥着围绕堕胎和学校祷告的辩论。参议员韦克时任劳工部-卫生与公共服务部预算委员会主席,他利用自己的权力向议案中两项由众议院施加的条款发起了进攻。第一个条款是限制医疗保险仅可在母亲生命受到威胁的情况下为其堕胎提供援助,韦克想将条款的覆盖范围扩大至因强奸和乱伦导致的堕胎。第二个条款是禁止教育部干涉学校鼓励自发性祷告项目。韦克领导制定的议案删去了这一条。

保守派参议员做好了回击韦克的准备,并且自认为占据优势。在过去的几年中,众议院在和参议院就以上条款进行辩论的时候总能赢得胜利,保守派认为韦克的提议不可能被协商会议采纳。而且作为预防措施,参众两院在各自拟定的持续决议中已收纳了劳工部议案。他们依循惯例延续上一年的议案内容,并保留了限制性条款。② 这意味着,如果就劳工部议案出现僵局,韦克就必须另寻方法将堕胎和学校祷告的条款从持续决议中删除。

保守派的第一个决定是避免在参议院与韦克发生正面冲突。他们表示会接纳他对于堕胎条款的修改,而原条款会通过协商会议或持续决议保留。③ 围绕学校祷告的争议却没那么容易解决。参议员杰西·赫尔姆斯提交了一份修正案,要求恢复对干涉学校祷告的禁令。韦克就此做出了愤怒的回应,威胁要"击沉"议案,转而使用持续决议。韦克表示:

> 难道我希望看到一年的辛勤努力付诸东流吗?不是。但这件事也非常重要。将这份修正案附加到议案中是可耻的,但这并非是我的耻辱。我刚才已经告知正在审议持续决议的预算委员会,将预算委员会和参议院迄今为止制定的所有议案都纳入持续决议中,我知道这会导致一到两天的延迟,因为同样的人又会试图将学校祷告的修正案附加到持续决议中,但我会为此斗争到底。④

参议员赫尔姆斯并没有被韦克的威胁吓倒,他知道众议院站在他一边,参议院以前也同意他的立场。他提议接受韦克提出的修改意见。"我不认为修改

---

① "临时措施是最庞大、最复杂的",《国会报道周刊》(1984 年 10 月 20 日),第 2732 页,http://library.cqpress.com/cqweekly/WR098403791。

② 戴尔·塔特:"国会批量制定紧急拨款议案",《国会报道周刊》(1984 年 9 月 29 日),第 2355~2358 页,http://library.cqpress.com/cqweekly/WR098403570。

③ 国会记录,1984 年 9 月 25 日,26669。

④ 国会记录,1984 年 9 月 25 日,26685。

条款就是软弱屈服,我知道协商会议上会发生什么。"①参议院以口头表决通过了修改后的修正案,随着主要矛盾得以解决,参议院在数小时后就批准了整个议案。

当参众两院就劳工部议案展开协商时,多数党领袖霍华德·贝克将新的持续决议 H. J. Res. 648 提交辩论。这天是 1984 年 9 月 27 日,再过几天就是新的财年,旧的拨款议案要过期了。作为主席的哈特菲尔德在辩论开始前,呼吁议员们尽量不要提交修正案。他警告说,预算立法的"新传统"(指提交修正案)其实是在损害立法程序以及作为立法机构的参议院。

"我并不想重复历史,但我现在的处境和1981年时是相同的……当我们将堕胎修正案附加到第一个拨款议案中后,我们就为后面设置了障碍,这就是结果。现在我们不得不停下来,将所有未决的事项并入持续决议中,但我们走的是下坡路——即使协商会议通过持续决议,也会被总统否决,我们下周就会回到原地,或者某些附加条款应该被删除,如果不是因为这些条款,我们就能够如期完成工作了。现在,在我们将所有这些问题和持续决议捆绑在一起之前,请先考虑我们将会面临的后果——我们的政府以及选民所依靠的正常运作将无以为继。"②

哈特菲尔德的警告并没有引起重视,在接下来的几天中,议员们仍然不断地向持续决议添加新的事项——水利计划,一揽子的打击犯罪法案,以及十几项其他的议案。正在开展竞选的里根总统敏锐地觉察到了这个政治机会,在持续决议制定的过程中就暗示会否决。此外,当国会未能通过短期持续决议以维持政府临时运行后,他还下令关闭了 8 个内阁部门,让 500 000 名联邦雇员回家放了半天假。在某次竞选集会中,他将政府关门的责任都归咎于众议院民主党。③

随着持续决议在总统竞选中化为泡影,同时面临休会的压力,国会放弃了绝大多数附加条款,只保留了议案的主要内容。接下来的未决事项就只剩下堕胎和学校祷告这两项了。围绕劳工部-卫生与公共服务部拨款议案的协商会议在这两个问题上僵持不下,迟迟不能达成会议报告。同时,持续决议在这两个条款上沿用了上一年的限制性措辞,通过几乎是毫无疑问的。现在的问题就是,韦克和他的同盟是否能做出最后的努力,修改以上条款的措辞。

韦克的第一步是提交了一项将强奸和乱伦导致的堕胎纳入保险覆盖范围

---

① 国会记录,1984 年 9 月 25 日,26688。
② 国会记录,1984 年 9 月 27 日,27457。
③ 史蒂文·R. 魏斯曼:"里根呼吁在国会选出'我们的团队'",《纽约时报》(1984 年 10 月 5 日)。

的修正案,但多数党领袖贝克发起的投票以 55∶44 的结果搁置了此项提议。[①]韦克无法把关于堕胎的措辞从原议案中删去,同时关于学校祷告的条款也面临着相似的命运,唯一的选择就是以冗长辩论来阻碍持续决议的通过。然而,在威胁要破坏自己的议案的数天后,韦克辞职了。他只剩下两个选择,将限制性条款纳入持续决议中,但这很可能意味着他所领导的委员会一年的工作都将付诸东流,或者将限制性条款作为常规决议的一部分,他选择了后者。僵局由此被打破了[②],随着反对党分裂成两派,持续决议也以 78∶11 的投票结果通过了。没有被纳入常规决议的 8 项议案最终由持续决议提供资金。

总而言之,1984 年一揽子议案的制定,为我们展现了一个生动的例子——议案并不是源自精心策划的多数党策略;正好相反,它们往往是弱势的多数党竭力想要控制议会的结果。1984 年,多数党希望通过尽可能多的单项议案的计划被冗长辩论瓦解了,近一半的议案由此被搁置。时间紧迫、别无选择的多数党只能倾向于将议案打包成一揽子议案,这种做法也缓解了由于对堕胎和学校祷告条款的辩论而导致党内分裂的压力。

结　论

观察里根总统首个任期(1981～1984 年)内拨款议案的立法程序历史可以发现,随着通过临时性持续决议的常规做法发生了改变——决议被用于为未通过的议案提供一整年的资金支持——一揽子开支议案产生了。共和党面临的问题与它作为多数党的相对弱势地位是相一致的。党内成员的分裂导致他们在诸如学校祷告和堕胎等问题上出现了严重的政策分歧。由共和党发起的冗长辩论阻止了部分单项开支议案的通过,使得参议院领袖无法在截止日期前完成预算的制定。除此以外,民主党也会利用自己的程序权利来阻碍开支议案的通过,以达成其他的立法目的。在这种困境下,参议院领袖只能将议案打包成临时性决议来保证预算的通过。

由此产生的一揽子议案带有"两党互投赞成票"的特点,通常会获得一定程度的两党支持,尽管有时民主党预选会议上的反对率一度攀升至 50% 以上。解决堕胎和学校祷告等争议的决议在系统上并不偏向任何一方。除国会的内部分裂、总统的倾向、选举年等因素对于一揽子议案的制定起到了明显的影响外,

---

① 唱票表决 274,美国参议院第 98 届国会第二次会议,1984 年 10 月 3 日。
② "1 040 亿美元劳工部-卫生和公共服务部开支议案通过",《国会年鉴 1984 年》,第 40 版,第 421～425 页(华盛顿特区:国会季刊,1985 年),http://library.cqpress.com/cqalmanac/cqal84-1151655。

由多数党的弱势地位导致的问题也是一种明确连贯的信号。

　　对这些 20 世纪 80 年代初期的案例的研究，为我们提供了一系列政党领袖在管理拨款程序时如何运用影响力的例子。多数党领袖霍华德·贝克没有成为参议院的奴隶或主人，相反，他像一位精明的经理，在问题出现的时候进行回应，并围绕通过预算这一总目标，随时调整策略。贝克所受的权力限制是显而易见的，他无法消除党内的分歧，也不能叫停阻碍开支议案通过的冗长辩论。在党内出现争论的时候，他也没有表明立场；相反，他将棘手的议案放到更易获得大规模支持的全年性临时决议中，以避免陷入辩论的苦战，同时也降低了修正案出现的概率。通过这种方法，贝克清除了拨款程序中的许多障碍，并在自身权力受到诸多限制的情况下成功通过了预算，令人刮目相看。他的例子充分显示了参议院多数党拥有重要但有限的影响力这一本质。

第四章

回归常规决议

在20世纪80年代初期,弱势的参议院多数党帮助建立了将常规拨款决议打包为一揽子议案的新制度。这种富有争议的做法在里根总统的第二轮任期开始后愈加流行——在1986年和1987年,国会将全部13项议案打包起来通过,这种做法直接招致了议员甚至总统本人的抱怨。此后,国会遽然放弃了一揽子议案的立法方式。1988~1994年间的每一项开支议案都以常规决议的方式通过了。一揽子议案直到1996年4月才回归,随着包含5个单项议案的一揽子议案的通过,使纽特·金里奇发起的"共和党革命"颜面扫地的预算危机宣告终结,也为克林顿政府重新注入了政治活力。

第四章主要讨论一揽子议案的立法方式的弃用和复用,以及中间7年回归常规决议的时期。通过研究,笔者试图检验这段时间是否符合有限影响力理论的预测。本章的第一部分主要回顾了1986年民主党控制参议院后,政治形势及参议院多数党权力的变化。第二部分主要展示了有关参议院审议开支议案的过程的案例分析,包括在里根总统任期末常规决议的回归,以及克林顿时期一揽子议案的复用。本章最后通过分析行政-立法机构之间的矛盾与制定一揽子开支议案的关系得出结论。

本章的结论印证了有限影响力理论的预测,并增加了对政治系统冲击效应的分析。随着里根总统在发表国情咨文时威胁要否决一揽子议案,一揽子议案立法的第一波浪潮落下帷幕。第二波浪潮始于议长纽特·金里奇用开支议案作武器,在预算问题上与总统比尔·克林顿针锋相对。这些超出有限影响力理论的策略选择将被视为外源性因素。在此前提下的预测模式就很清晰了,能够帮助我们解读每一次冲击所带来的持久影响。在这段时期,参议院多数党的实力极大地影响着一揽子议案出现的可能性、规模以及内容。在 1986 年选举后，随着原本弱小分裂的多数党共和党被更为强大团结的民主党取代，多数党的实力剧增，国会又开始回归常规决议。新的多数党民主党在审议开支议案的时候，面临的阻力比它的前任要小得多，因此议案能够以常规决议通过。当相对弱势的多数党共和党在 1994 年重新赢得选举的时候，由于它缺乏像民主党那样控制参议院的能力，一揽子议案卷土重来。

1996 年新一轮一揽子议案的浪潮包含一项重要的程序革新。多数党开始将尚未被纳入拨款议案中的议案添加到会议记录中。这种策略避免了议案在参议院被修正的可能。从理论上来说，这种权力将影响政策结果偏向多数党的中间成员，但投票结果却显示一揽子议案仍然得到了两党的支持。这些议案多数的赞成票来自两党，而作为多数党的共和党的反对率有时甚至高于作为少数党的民主党。

这段时期可以为总统如何影响一揽子计划出现的可能性提供很好的例证。笔者利用这一事实阐释了一种有关总统参与拨款程序的新理论，称之为"机会主义谈判"。过去的研究显示，总统几乎没有影响拨款议案形式的能力，一揽子议案赋予了国会谈判的主动权。而笔者的研究则显示，总统有一定的能力影响一揽子议案出现的可能性，并对这种做法是否会增强或削弱他的谈判权有着个人判断。

罗纳德·里根、乔治·H.W. 布什和比尔·克林顿都面对由反对党控制的国会，但三位总统对于一揽子议案对各机构谈判权的影响却有着截然不同的观点。罗纳德·里根在任期的最后两年努力制止一揽子议案的出现，因为他觉得一揽子议案会让总统在谈判中陷入被动。乔治·H.W. 布什选择与国会协作，以常规决议的方式通过开支议案，并通过有针对性的否决威胁来摆脱共和党反对的政策议案。比尔·克林顿则与参议院少数党民主党共谋，以拖延单项开支议案的通过来强迫参议院发起一揽子议案，他认为这可以增加他面对共和党时的谈判优势。笔者将这几位总统称为"机会主义谈判者"，因为他们在拨款立法过程中不按既定的策略出牌，而是抓住出现的机遇来为自己的谈判增加筹码。

1986～1996 年参议院的政党权力

在 1986 年，参议院共和党失去了自 1980 年罗纳德·里根取得压倒性胜利以来一直保持的多数党地位。落选的共和党人与当选的民主党人有着很大的区别(见表4.1)。作为多数党的共和党内部分裂为自由派和保守派,并且没有对参议院形成支配性控制权。他们拥有参议院的53席,提名分标准误差也达到了较高的0.2,而新的多数党民主党人数更多且更团结。民主党的提名分的标准误差为0.11,多数优势从第100届国会的55席逐渐增加到第103届国会的57席。1994年,在民主党成员退休和选举惨败的双重作用下,共和党重新成为第104届国会的多数党,掌握参议院的53席。新的多数党由堪萨斯州参议员罗伯特·杜尔(Robert Dole)领导,成员包括:属于温和保守派的阿拉斯加州参议员泰德·史蒂文斯;少数左倾的参议员,诸如后来转换党派的佛蒙特州参议员吉姆·杰福兹和宾夕法尼亚州参议员阿兰·斯佩克特(Arlen Specter);新一代保守派,如宾夕法尼亚州参议员里克·桑托勒姆(Rick Santorum)。共和党的意识形态分歧主要体现在高达0.19的提名分标准误差上。共和党重新执掌参议院后,他们微弱的席位优势以及意识形态方面的高度分歧意味着他们对于参议院的掌控相较之前的民主党更弱。

表4.1　　　　多数党规模和同质性,美国参议院,1985～1996年

国会	多数党同质性	初始多数	多数党
99	0.20	53	共和党
100	0.11	55	民主党
101	0.11	55	民主党
102	0.11	56	民主党
103	0.12	57	民主党
104	0.19	53	共和党

图4.1运用散点图来显示参议院中共和党和民主党在这段权力过渡时期的分布。位于每张图的左上角的民主党无论是否是多数党,分布都呈现出高度集中的特点。共和党则正好相反,分布更为分散。这种本质差别使得共和党处于不利地位——作为多数党时,意识形态的分歧使他们很难在政策目标上达成共识;作为少数党时,缺少凝聚力又使他们无法一致对外。本章的研究显示,共和党的许多成员在关键的投票事项上都和民主党保持一致意见,民主党执掌参议院也因此变得更为轻松。

图4.2显示了多数党的主要特征以及通过拨款议案的模式。在这段时期,参议院只有在初期和末期使用了一揽子议案,中间时期都采用了常规决议。这段"缺口"时期非常有研究意义,能为我们理解导致弃用常规决议的因素提供重

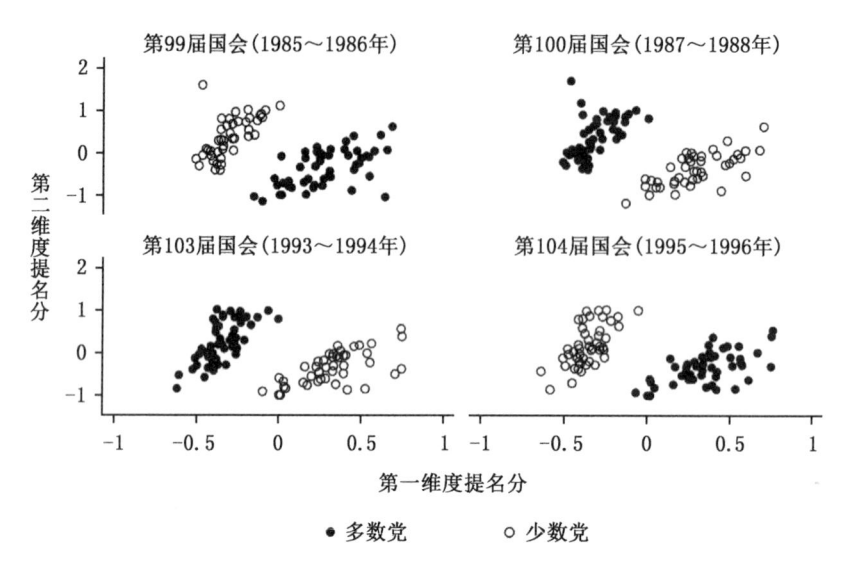

图 4.1 多数党与少数党意识形态分布，美国参议院，1985～1996 年

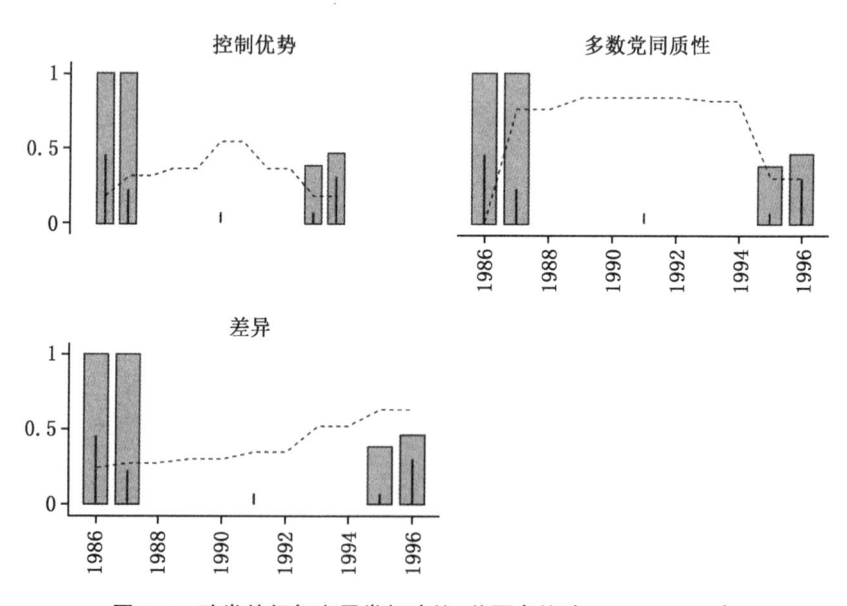

图 4.2 政党特征与弃用常规决议，美国参议院，1986～1996 年

要的帮助。值得注意的是，常规决议的回归与多数党的控制优势以及同质性的增强保持同步。在此期间，两党之间的差异逐步扩大，这一差异将在稍后几年达到顶峰。接下来，笔者以一组案例分析研究每一段时期，并评估了党派特征

在拨款议案立法过程中的作用。

回归常规决议

  在里根总统任期即将结束之际,一揽子议案的第一波浪潮落下了帷幕。1987年,随着民主党自1980年后首次控制参议院,里根总统面对的是一个民主党的国会。权力的过渡非常顺利,新的国会在夏天就成功地逐项通过了除3项拨款议案以外的全部议案。虽然立法取得了不小的进展,但这些议案却都没能在新财年开始时到达总统的桌上。民主党和总统在议案总的开支水平以及如何减少联邦赤字方面存在分歧。接着,10月19日股市大崩盘,不得不举行预算峰会来协商削减赤字的问题。峰会结束后,民主党遵循惯例,将全部13项开支议案打包成覆盖全年的持续决议H. J. Res. 395。[①]

  相较往年的全盘接受,里根政府对于议案的反应发生了巨大的转变。里根政府发布了政府政策声明(SAP)[②],威胁要基于以下理由否决议案:

  当局反对国会以一揽子持续决议为政府提供全年经费的做法。拨款程序允许立法与行政机构审议13项独立的拨款议案,但一揽子持续决议……剥夺了总统逐项审核议案的权力。[③]

  然而,里根总统没有像宣称的那样否决议案。当时的报告显示,一揽子议案中已包含了政府想要的一切,尽管最终的投票结果暗示这是两党妥协的结果。[④] 支持议案的议员在众议院两党中分布均匀,共和党内投赞成票的议员稍多,而民主党内则是投反对票的稍多。

  尽管如此,总统已经下定决心要在任期的最后一段时间反对一揽子议案。次年1月,在最后一次发表国情咨文时,里根总统出人意料地在演讲中举出H. J. Res. 395为例,并威胁要否决以后将出现的类似议案。他下令:"13项独立的议案必须交由国会按时、充分地审议。"34名参议员与49名众议员(几乎都是共和党人)致信国会领袖,联名声援总统。他们在信中表示将反对一揽子议案的

---

  ① "拨款议案1987年:概览",《国会年鉴1987年》,第43期(华盛顿特区:国会季刊,1998年),http://library.cqpress.com/cqalmanac/cqal87-1145333。
  ② SAP是由行政管理和预算局(OMB)发布的政策文件,用来表明政府对于某项立法文件的支持或反对。
  ③ 政府政策声明。H. J. Res. 395:1988财年一揽子全年持续决议,第100届国会(Kernell)。
  ④ "6 309亿美元的一揽子拨款议案得以通过",《国会年鉴1987年》,第43期,第480~488页(华盛顿特区:国会季刊,1998年),http://library.cqpress.com/cqalmanac/cqal87-1145568。

再次出现,因为这些议案"剥夺了议员深入审议拨款议案的可能性"。[①] 总统的行为以及大部分国会议员的支持引发了显著的变化:该年秋天,国会自1976年以来,头一次在10月1日新财年开始前以常规决议的方式审议完了全部议案。

里根总统的做法打开了拨款议案回归常规决议时代的大门,并在一定程度上打破了一揽子议案这种已逐渐成为惯例的做法。本书采访的政策制定者表示,国会使用一揽子议案的时间越久,这种做法就越容易成为常规。在里根总统发表国情咨文演讲后的6年中,国会又回归了以常规决议通过议案的做法。这里的关键问题就在于,在里根总统的否决威胁消除后,常规决议为什么还能持续6年之久呢?理由之一是参议院的多数党民主党足够强大,能够不受阻碍地以常规决议通过议案,无须制定一揽子议案。

布什政府

乔治·H.W. 布什在经历了与马萨诸塞州州长迈克尔·杜卡基斯(Michael Dukakis)的竞选苦战后,接替罗纳德·里根成为总统。描述布什任期内的拨款议案程序非常有挑战性,因为很难解释为什么有些事情没有发生——例如国会为什么没有弃用常规决议。笔者采用的方法是像之前那样找出阻碍议案通过的因素,并追踪议案讨论日程。一方面,弱势的多数党在逐渐失去对参议院的控制时会弃用常规决议,另一方面,强大的多数党通常能够克服议案审议中的阻碍,或避免被非友好的修正案裹挟。这两种趋势在1989年和1990年都非常明显。作为少数党的共和党并没有阻碍开支议案的通过,但这样做有时是因为缺乏所需的投票。作为多数党的民主党尽管在修正案上举步维艰,但有了足够多的共和党成员的支持,就可以轻松过关。有趣的是,拨款议案的顺利通过可能也要归功于布什总统的否决威胁。共和党时常缺乏足够的能击败或阻碍民主党的投票数量,但由于布什总统用否决权来达成政策目标,共和党有时也不愿向民主党进行正面挑战。

1989年

乔治·H.W. 布什上任的第一年强化了1988年拨款程序中出现的重大变革。当时的政治环境有利于开支议案的顺利通过:首先,1987年由民主党与里

[①] 汤姆·肯沃西:"参议员加入反对一揽子开支议案的抗议中,33位共和党人与1位民主党人表示'够了'",《华盛顿邮报》,1988年2月9日。

根总统共同商议制定的赤字削减协议规定了总的开支水平,为拨款议案的立法程序减少了争议;其次,主要由一党控制的国会内部团结,部门之间出现争议的可能性较低。老生常谈的敏感议题也没有像往年那样阻碍开支议案在参议院通过。即使在财年末的时间压力下,国会也没有采取一揽子议案的做法。就在持续决议即将失效的 11 月 20 日,国会逐一通过全部 8 项开支议案,布什总统随后也逐一签署了这些议案。①

1989 年参议院的波澜不惊与往年由堕胎、学校祷告及其他争议性议案引起的激烈辩论形成了鲜明的对比。在第 101 届国会的拨款议案的记录中,值得注意的是一连串的争议得到了解决,达成了妥协。长久以来争议不断的堕胎议题的走向,向我们展示了参议院从 20 世纪 80 年代早期开始经历了哪些变化。第一个例子是劳工部-卫生与公共服务部议案,该议案长期禁止将联邦资金用于堕胎行为,除非孕妇的生命受到威胁。民主党希望将豁免条件扩大至强奸与乱伦。哥伦比亚特区议案也曾因在何种情况下当地税收可以用于资助堕胎行为而卷入争议。但这两项议案都没有在参议院引发冗长辩论。新罕布什尔州共和党参议员戈登·汉弗莱(Gordon Humphrey)解释了为什么反对堕胎的参议员没有像以往一样据理力争:"我们没有投票,又何必自欺欺人呢?"②汉弗莱的判断可能是正确的。两年前的 1987 年,一项相似的限制堕胎条件的修正案以 60 票反对遭到搁置。随着民主党在这个问题上越来越团结,他们也在持续分化着共和党。17%的民主党参议员选择与共和党一同投票限制堕胎,而 35%的共和党参议员选择支持民主党放松堕胎条款。③ 对反对堕胎的参议员而言,争论实无必要,因为布什总统早就威胁要否决这两项议案,除非堕胎条款中加入他本人主张的限制性措辞。④ 这种判断也是正确的。总统否决了这两项议案,他主张的措辞被恢复了,这两项附带堕胎限制条款的议案最终以常规决议的方式得以通过。

多数党民主党在审议内政部拨款议案的过程中也避开了一个潜在的障碍。北卡罗来纳州参议员杰西·赫尔姆斯提交了一项修正案,希望限制联邦政府资助可能被视作淫秽的艺术作品。该提案以 62∶35 的投票结果落败,遭到了 19

---

① 杰基·卡尔梅斯:"拨款议案:布什在会议最后几个小时签署了最后 8 项议案",《国会周刊》,1989 年 11 月 25 日,3226。http://library.cqpress.com/cqweekly/WR101407997。

② "劳工部-卫生与公共服务部议案因堕胎争议遭否决",《国会年鉴 1989 年》,第 45 版,第 707~714 页(华盛顿特区:国会季刊,1990 年),http://library.cqpress.com/cqalmanac/cqal89-1137852。

③ 参议院唱票表决 289,1987 年 9 月 30 日。

④ 参考国会记录,1989 年 9 月 21 日,21247,关于劳工部-卫生与公共服务部议案的讨论;国会记录,1989 年 9 月 14 日,20495,关于哥伦比亚特区议案的讨论。

名共和党参议员与43名民主党参议员的联手否决。① 图4.3展示了此修正案投票阵营的意识形态分布。如果赫尔姆斯想要发起冗长辩论，由自由派民主党和共和党成员组成的联合阵营有足够的优势能击败他。在这种情况下，参议员赫尔姆斯只能黯然神伤，重新等待时机，"老赫尔姆斯也经历过失败，但他不会屈服，如果参议院今天不批准这项修正案，那就需要一次又一次、一个法案又一个法案、月复一月、年复一年地就此进行表决，直到这些假借'艺术'之名的堕落作品永远被禁绝"。②考虑到赫尔姆斯遭遇的惨败如此巨大，他重整旗鼓需要相当一段时间。没有附加此项修正案的内政部拨款议案得以顺利通过。

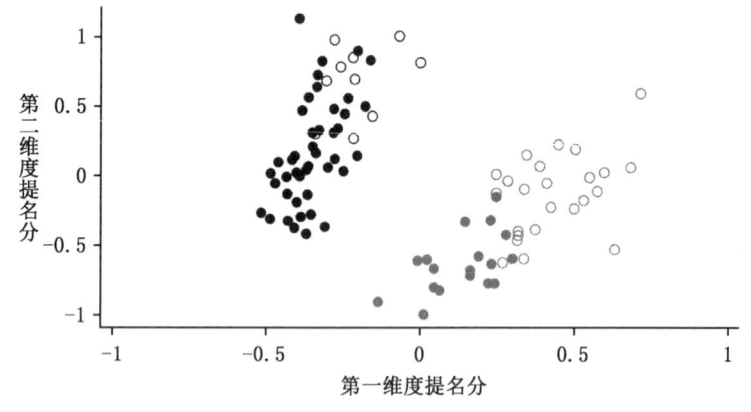

● 支持国家艺术基金的民主党议员　○ 反对国家艺术基金的民主党议员
● 支持国家艺术基金的共和党议员　○ 反对国家艺术基金的共和党议员

图4.3 民主党和共和党的意识形态分布，赫尔姆斯关于国家艺术基金的修正案

1989年围绕拨款议案出现的最严重的争议并没有发生在参议院，而是来自布什总统的否决威胁。在参议院审议援外事务管理署议案以及运输部议案时，行政管理和预算局就威胁要否决这两项议案。当哥伦比亚特区议案、援外事务管理署议案以及劳工部-卫生与公共服务部议案提交协商会议审议期间，布什政府还发布了反对性的政府政策声明，并在国会无视布什政府的要求后，正式否决了这三项议案。③ 在这个例子中，所有引发否决的政策最终都被删除了，议案以常规决议通过。

---

① 参议院唱票表决242，1989年10月7日。
② 国会记录，1989年10月7日，23905。
③ 佐奥·戴维斯：总统否决，1989～2000年，参议院秘书办公室（华盛顿特区：政府影印办公室，2001年）。

1990 年

在布什政府执政的第二年，政治形势变得愈加复杂。里根总统与民主党议员达成的赤字削减协议即将失效，建立新的长期赤字削减计划的需求使得民主党为通过预算决议而做的努力变得更为复杂。民主党分为主张削减国内开支与主张削减国防开支两派，而共和党希望与总统召开新的预算峰会。作为回应，布什总统在5月邀请国会领导前往白宫，着手讨论预算问题。这场讨论历经5个月，最终导致布什总统打破了自己著名的"听我说，不加税"的承诺。最终形成的协议结合了增加税收与预算削减，同时还包含了对预算程序的修改，这些修改后来被列入了1990年的《预算强制法案》中——最有效的赤字削减措施。它为1995年的自由预算支出设定了上限，并规定新的必要开支必须通过在其他地方另行增税或削减开支来实现。①

这场围绕预算与最终开支水平的漫长协商，导致了拨款议案直到新财年开始后才得以通过。为了最终协议达成有更多时间，国会一共制定了5项持续决议。② 尽管历经坎坷，但拨款议案悉数以常规决议通过。参众两院都将议案提交给了委员会，各自就敏感性议题展开了辩论，并成功化解了政府的9次否决威胁。其间，国会就堕胎问题对劳工部-卫生与公共服务部议案以及哥伦比亚特区议案进行了辩论③，同时内政部议案又引发了关于国家艺术基金与淫秽作品的辩论④。这些争议最终都成功解决了，没有对议案通过造成重大的阻碍。国会很快通过了每一项议案，并在10月下旬的一周内将13项议案中的12项变为了法律。⑤

是什么造成了国会在1989年与1990年回归常规决议的转变呢？与里根政府相比，有三个主要变量发生了变化：首先，国会的权力不再分裂，两院

---

① "对国会和总统而言，新的预算程序"，《国会年鉴1990年》，第46期，第173~178页（华盛顿特区：国会季刊，1991年），http://library.cqpress.com/cqalmanac/cqal90-1112347。

② "苦战之后预算终于通过"，《国会年鉴1990年》，第46期，第111~166页（华盛顿特区：国会季刊，1991年），http://library.cqpress.com/cqalmanac/cqal90-1112280。

③ 参考"参议院批准不附带堕胎条款的哥伦比亚特区议案"，《国会年鉴1990年》，第46期，第891~893页（华盛顿特区：国会季刊，1991年），http://library.cqpress.com/cqalmanac/cqal90-1112043；"劳工部-卫生与公共服务部议案预算1 882亿美元"，《国会年鉴1990年》，第46期，第847~853页（华盛顿特区：国会季刊，1991年），http://library.cqpress.com/cqalmanac/cqal90-1111908。

④ "内政部议案审议时讨论了艺术、猫头鹰、石油钻探"，《国会年鉴1990年》，第46期，第870~876页（华盛顿特区：国会季刊，1991年），http://library.cqpress.com/cqalmanac/cqal90-1111974。

⑤ "13项开支议案在最后阶段得以通过"，《国会年鉴1990年》，第46期，第811页（华盛顿特区：国会季刊，1991年），http://library.cqpress.com/cqalmanac/cqal90-1111809。

之间的争议阻碍开支议案通过的可能性也由此降低；其次，赤字削减协议意味着国会在预算程序中就总的开支水平已经达成一致；最后，参议院多数党的力量比共和党执掌时期要大大增强，80年代初期引起参议院瘫痪的问题在1989年和1990年轻而易举就得到了解决。80年代初期导致一揽子议案出现的预算争议和拨款议案延迟等问题在1990年并没有催生出新的一揽子议案，相反，当参议院需要在一周内迅速批准十多项议案的时候，它很快就做到了。

克林顿政府（1995～1996年）

在布什政府执政的剩余时期以及克林顿政府的前两年，开支议案继续以常规决议的方式通过。随着1994年中期选举后共和党再度执掌国会，事态很快发生了转变。共和党压倒性的胜利改变了国会的局势——共和党在众议院增加了54席，在参议院增加了8席，在两院都成为多数党。这是自1955年以来，共和党第一次控制参众两院。众议院议长纽特·金里奇将共和党领袖的权力集中起来，任命忠实的共和党议员鲍勃·利文斯顿（Bob Livingston）担任拨款委员会的新任主席。在参议院，堪萨斯州共和党参议员鲍勃·多尔（Bob Dole）从少数党领袖变为了多数党领袖。

参众两院的两位领袖在风格上差别巨大，金里奇脾气火爆，富有对抗性；多尔则是传统参议院模式下典型的"交易人"。两位都认为克林顿总统的弱势以及共和党对国会的掌控，给予了共和党实现长期政策目标的完美机会，例如削减联邦开支，放松联邦法规等。金里奇领导制定了共和党的策略，并与众议院拨款委员会合作起草了一系列开支议案，意图大幅削减开支，并引入针对共和党宿敌（例如美国环保局）的附加条款。这一决定引发了本章所讨论的"第二次冲击"。金里奇此举导致的两次政府停摆最终通过一揽子议案得以解决，这是自1987年以来国会第一次重新启用一揽子议案。政府停摆降低了共和党的支持率，由1994年选举结束后的领先民主党15%跌落至落后11%。[①] 这也掀起了持续至今的一揽子议案预算立法的第二波浪潮。

1995年

关于政府停摆的前因后果已有学者进行了详细的研究（Brady and Volden

[①] 莉迪亚·萨德："大选后共和党的形象已不如1994年"，盖洛普新闻服务，1998年11月21日。

2006；LeLoup 2005），这里不再赘述。笔者将聚焦于一个更为具体的问题："有哪些因素导致议案被纳入了一揽子议案？"第一次政府停摆始于 1995 年 11 月 14 日，持续了 6 天，起因是克林顿总统否决了一项附加政治条款的持续决议（H. J. Res. 115）。约有 800 000 名联邦雇员被命令回家，例如社会福利金支票发放之类的政府服务被迫中止。随后，国会批准了不带附加条款的持续决议（H. J. Res. 122），同意将拨款期限延长到 12 月 15 日，给予克林顿和众议院共和党足够的时间协商可以实现预算平衡的 7 年计划，第一次停摆告一段落。后来，由于协议未能达成，充满怨气的共和党人以拒绝批准新的持续决议来向克林顿施压，尽管此举遭到了多尔和参议院民主党的反对，政府还是再次陷入了停摆。第二次政府停摆共持续了 21 天，最终引发了共和党的公关危机。一项由《华盛顿邮报》和 ABC 新闻发起的调查显示，大多数美国人认为共和党应该为此次停摆负责，57％的民众支持总统的预算计划，支持共和党的只有 36％。[1]参议院和众议院支持停摆的声音渐渐减弱，两院于 1 月 5 日通过了一项新的持续决议，为政府提供临时资金。[2] 僵局最终在 4 月 26 日得到了解决，国会批准的一揽子议案包含了全部未通过的拨款议案。尽管议案的通过得到了两党的支持，但投票模式显示，部分共和党人仍将其视为本党的失败。[3]

  决定一揽子议案的规模和内容的主要因素是总统与国会关于开支水平的分歧，以及参议院多数党在审议某些议案时无法战胜对手。1995 年共有 7 项议案以常规决议获得通过，1 项议案（援外事务管理署）被作为临时持续决议的附件，其余 5 项都被并入了一揽子议案（见表 4.2）。其中的 3 项议案（内政部；商务部、司法部和国务院；退伍军人事务部-住房和城市发展部）通过了参众两院的表决，但最后被总统否决了。另有 2 项议案未能通过参议院的表决。参议院原本已通过了哥伦比亚特区的议案，但民主党通过冗长辩论反对在协商会议中通过的授权"教育券"的条款，导致协商会议报告最终未能通过。此外，参议院民主党还阻止了针对劳工部-卫生与公共服务部议案的集体协商，使它无法以常规决议进行辩论。劳工部-卫生与公共服务部议案和哥伦比亚特区议案的命运显示了多数党的弱势是造成它弃用常规决议的主要因素。

---

[1]　丹·巴尔茨与理查德·莫林："在这场辩论中，投票者也许拥有最终决定权"，《华盛顿邮报》（1996 年 10 月 10 日），A01。

[2]　"政府由于资金不足停摆两次"，《国会年鉴 1995 年》，第 51 期，第 113～116 页（华盛顿特区：国会季刊，1996 年），http://library.cqpress.com/cqalmanac/cqal95-1099661。

[3]　"1996 财年的一揽子议案完成收尾"，《国会年鉴 1996 年》，第 52 期，第 105～116 页（华盛顿特区：国会季刊，1997 年），http://library.cqpress.com/cqalmanac/cqal96-841-24596-1091488。

表 4.2　　　　1995 年拨款议案的立法历史，第 104 届国会第一次会议

议　案	无全院投票（众议院）	无全院投票（参议院）	包含在一揽子议案中的议案
农业部			
商务部、司法部和国务院			√
哥伦比亚特区			√
国防部			
能源与水利			
援外事务管理署			√
内政部		√	√
劳工部-卫生与公共服务部			
立法机构			
军事建设			
财政部			
运输部			
退伍军人事务部-住房和城市发展部			√
总计	0	1	5

劳工部议案的主要问题是其中的一项条款违背了克林顿总统之前发布的禁令。此前，总统曾禁止联邦政府与解雇罢工工人的企业进行合作。具有讽刺意味的是，这项附加条款并没有得到拨款委员会副主席、宾夕法尼亚州共和党参议员阿兰·斯佩克特的支持。拨款委员会不顾斯佩克特的反对，强行将此条款附加到议案中。斯佩克特表示："在我看来，在拨款议案中附加这一条款是不恰当的……同时，我们也没有足够的投票来终止由此引发的冗长辩论。"①斯佩克特是对的，尽管参议院从未就停止辩论该议案进行投票。根据两党此前制定的一致同意的协议，如果要对一项议案进行集体协商，至少需要 60 名参议员的支持。在 9 月 28 日的党派立场投票中，共和党只获得了 54 位参议员的支持。②共和党领袖无法打破僵局，也放弃了以一党之力推动议案的努力。

在审议哥伦比亚特区议案的过程中，由众议院共和党提出的一项条款导致参议院陷入了僵局。该项条款旨在对该地区建立针对公立学校的教育券项目。哥伦比亚特区议案可谓命途多舛——起先，众议院起草了两个独立议案。由于

---

① 国会记录，1995 年 9 月 28 日，26770。
② 参议院唱票表决 471 与 472，1995 年 9 月 28 日。

第一版附加了太多政治条款,议长金里奇下令拨款委员会重新起草一份更易于该地区官员接受的版本。新的版本虽然较之前减少了一些附加条款,但仍包含从堕胎到同性双亲收养一类的议题。当这份议案被提交到众议院时,议员们投票决定再增加一项条款,即为哥伦比亚特区的小学生提供价值3 000美元的教育券,可以用来冲抵公立或私立学校的学费。这个做法使参议院大为惶恐,因为参议院已批准了此前较为"干净"的议案版本。两院在协商会议上相持不下。随后,含有教育券条款的协商会议报告被提交至参议院进行最后批准①,并遭到了参议院民主党的激烈反对。共和党领袖为了通过议案先后举行了4次投票,但未能成功终结辩论。② 最终,这项议案被纳入了一揽子议案中。

1996年春,这两项未能通过的议案与其他三项遭到总统否决的议案最终合并为一揽子议案。参众两院的拨款委员会各自制定了一个一揽子议案,并分别在本院得到了通过。

克林顿政府的官员参与了一揽子议案最终版本的协商。由于他们的立场大幅倾向总统,大多数民主党反对的附加条款被删除了,包括教育券项目。劳工部议案中的替工条款由于法院的禁令而失去了实际意义。民主党的主要失败是在削减预算上,尽管预算金额相比上一年已经减少了220亿美元③,但仍然没有达到共和党要求的削减标准。投票模式显示,最终通过的议案满足了民主党的多数需求,而一部分共和党人也因此郁郁不乐。一揽子议案的最初版本在众议院遭到了184名民主党议员与21名共和党议员的反对,而最终通过的版本只有5名民主党议员和20名共和党议员反对。在参议院这边,一揽子议案的最初版本遭到了7名自由派民主党议员[诸如加利福尼亚州参议员芭芭拉·博克瑟(Barbara Boxer)]以及14名保守派共和党议员[诸如俄克拉何马州参议员詹姆斯·英霍夫(James Inhofe)]的反对;当参议院审议最终版本时,全体民主党参议员都投了赞成票,11名保守派共和党参议员投了反对票。④

1996年

政府停摆变成了共和党的灾难。正如本书中所采访的一位共和党人士所

---

① "教育券争议使哥伦比亚特区议案陷入停滞",《国会年鉴1995年》,第51期,第113~133页(华盛顿特区:国会季刊,1996年),http://library.cqpress.com/cqalmanac/cqal95-1099715。

② 参议院唱票表决20、21、23、25。

③ "1996财年的一揽子议案完成收尾",《国会年鉴1996年》,第52期,第105~116页(华盛顿特区:国会季刊,1997年),http://library.cqpress.com/cqalmanac/cqal96-841-24596-1091488。

④ 参考众议院唱票表决55与135,以及参议院唱票表决42与89。

言,"我们遭遇了惨败"(员工访谈 F,2012 年)。之后的预算季对于参议院中的共和党而言更是艰难——前多数党领袖鲍勃·多尔辞去了参议院席位,与克林顿展开了总统之位的竞争。接任的多数党领袖特伦特·洛特面对的是一个斗志涣散、意识形态分裂、对对手仅有微弱控制能力的共和党。同时,克林顿总统也在乘胜追击,试图在 1997 财年新的开支议案中恢复之前已经削减的部分开支。

总统在 1996 财年成功协商一揽子议案的经历使得政府对于与国会协商开支议案充满了信心。一揽子议案的规模使得政府官员有机会与国会领袖坐在一起,面对面地协商条款。克林顿总统判断,共和党对与政府再次就预算发生冲突会持谨慎态度。如果总统带领国会制定一个一揽子议案,政府就可以完成预算目标。据一位熟悉克林顿的行政管理和预算局内情的工作人员回忆,当国会在 1996 年夏天开始制定新的拨款议案时,总统与参议院民主党共谋,故意拖延拨款议案被批准的时间,迫使国会使用一揽子议案。来自民主党的强烈反对迫使作为参议院多数党的共和党在审议 4 项开支议案时放弃了常规决议,转而制定了一个包含 6 项议案的一揽子议案(见表 4.3)。由于害怕再一次因政府停摆受到谴责,共和党向政府的要求妥协了。"我们操纵了整个过程,"这位工作人员表示,"有几百件事情都是我们指挥他们做的。"(工作人员访谈 D,2012 年)

表 4.3　　　1996 年拨款议案的立法历史,第 104 届国会第二次会议

议　案	无全院投票（众议院）	无全院投票（参议院）	包含在一揽子议案中的议案
农业部			
商务部、司法部和国务院		√	√
哥伦比亚特区			
国防部			√
能源与水利			
援外事务管理署			√
内政部		√	√
劳工部-卫生与公共服务部		√	√
立法机构			
军事建设			
财政部			
运输部		√	√

续表

议　案	无全院投票（众议院）	无全院投票（参议院）	包含在一揽子议案中的议案
退伍军人事务部-住房和城市发展部			
总计	0	4	6

民主党在夏季的几个月里一直保持克制，7月份有8项议案通过了参议院审议，一直到9月初，当休会期与选举临近的时候，民主党才向共和党发动了攻势。此时，还有5项议案没有通过。为了不动摇自己的支持率，共和党竭力避免又一次政府停摆。"在接下来的3周内，我的目标只有一个：拨款议案，"参议员洛特表示，"这是我们能够向美国人民传达的最好的消息：我们完成了自己的职责。"①同时，洛特也清楚民主党有可能趁机暗中破坏："我有一种预感，有些事已经预谋好了。"②洛特的预感是正确的，等待他的正是民主党的埋伏。

民主党的第一个目标是财政部议案，这项议案是9月10日周二被提交给参议院的，在接下来的3天中，参议院一共就控枪、恐怖主义、医疗卫生、毒品等相关修正案进行了54次投票，其中很多议题是为了给"预选"拉分的。③ 到了周四，洛特已经渐渐感到了挫败，"我开始怀疑民主党是否真的想按照立法流程行事"。④ 眼见辩论无休止地进行，多数党领袖洛特在当天晚些时候发表了演讲，表示他将把这项议案撤下，重新制定审议日期。"我们已经围绕这项议案讨论了25个小时38分钟了，"他说，"我想也许我们都累了，应该考虑转移一下视线……我无法想象我们要如何度过今晚的长时间辩论和无数的投票。"⑤在台下，他的批评更为直接："这完全是政治斗争，我想做的是严肃的立法工作，他们却在玩政治立场。我是不会容忍这一切的。"⑥

与此同时，民主党正在等待劳工部-卫生与公共服务部议案到达参议院，想借机提出教育经费问题。他们在9月13日宣布，计划在此议案中增加20亿美元，以替代共和党此前提出的预算削减，并满足克林顿总统的预算目标。为此，

---

① 海伦·杜瓦与艾瑞克·派宁："国会山领袖选择早早回家；拨款议案、大选迫使共和党减税被撤下议程"，《华盛顿邮报》(1996年9月5日)，A06。
② 吉姆·艾伯拉姆斯："国会已经开始讨论新一轮政府停摆"，美联社(1996年9月5日)。
③ 史蒂芬·巴尔与艾瑞克·派宁："财政部拨款议案被分裂的参议院搁置"，《华盛顿邮报》(1996年9月13日)，A20。
④ "参议院多数党领袖举行例行新闻发布会"，NBC(1996年9月12日)。
⑤ 国会记录，1996年9月12日，23009。
⑥ "克林顿的附加条款使财政部议案越来越庞大"，《国会年鉴1996年》，第52版，第108～184页(华盛顿特区：国会季刊，1997年)，http://library.cqpress.com/cqalmanac/cqal96-841-24596-1091676。

共和党领袖十分不愿将议案提交至参议院,这将迫使他们陷入一场关于教育的辩论,而这正是他们在大选前想要避免的。① 而民主党对此做出的回应是,将修正案附加到下一个准备审议的议案中:内政部议案。

民主党的突袭发生在 9 月 17 日周二,他们提出了增加 32 亿美元教育经费的修正案。事实上,这一议题与内政部议案毫无关联,内政部议案的主要内容是讨论公共土地与公园,而修正案的金额也大大超过了内政部议案 12 亿美元的预算规模。为了不让参议院在大选临近时就民主党具有优势的议题进行辩论,洛特在达施勒刚获得参议院同意、提交修正案时就撤下了内政部议案。② 在私下,洛特谴责民主党试图在开支议案上倾倒"政治垃圾","如果他们觉得我会袖手旁观,任由他们在拨款议案上玩弄他们的政治手段……他们就想错了。"③ 由于共和党此时处于防御状态,他们采取的回应是提出自己的教育经费提案,提议增加 23 亿美元的教育开支。"与其等着被他们碾压,不如采取主动,冲进去和他们搅成一团。"洛特解释道。④

随着双方展开角力,达施勒宣布民主党在教育经费问题上会持续施压。"既然多数党领袖暗示他不想给予我们提出修正案的机会,我们就得想办法……我们会采取一切可能的预算手段,可能会借助其他的议案,但我们迟早都要就这项议案进行投票。"⑤ 作为回应,共和党表示他们不会再逐项提交议案,转而计划协商一个一揽子议案。

多数党领袖洛特与议长金里奇在 9 月 19 日召开的联合记者招待会上解释了他们的决定:

很显然,参议院民主党在玩弄计谋和政治手腕,他们的目的更多是为了即将到来的大选,而不是真正为人民服务。起初,我们怀着善意审议了这些议案,但却处处遭遇民主党与白宫联手设计的僵局。我们拒绝参与这场政治游戏。我们相信国会应该完成自己的工作,然后休会。考虑到民主党试图使参议院无法工作,参众两院的领袖决定,国防预算的协商会议报告就是所有尚未通过的

---

① "教育经费得到大幅增加",《国会年鉴 1996 年》,第 52 期,第 159～166 页(华盛顿特区:国会季刊,1997 年),http://library.cqpress.com/cqalmanac/cqal96-841-24596-1091627。

② "内政部议案回避争议",《国会年鉴 1996 年》,第 52 期,第 154～158 页(华盛顿特区:国会季刊,1997 年),http://library.cqpress.com/cqalmanac/cqal96-841-24596-1091617。

③ 海伦·杜瓦与艾瑞克·派宁:"共和党恢复了削减的 23 亿美元教育经费;共和党希望避免出现预选僵局",《华盛顿邮报》(1996 年 9 月 18 日),A01。

④ 同上。

⑤ "与马萨诸塞州民主党参议员爱德华·M. 肯尼迪,约翰·克里,参议院少数党领袖、南达科他州民主党参议员汤姆·达施勒的新闻发布会",联邦新闻服务(1996 年 9 月 19 日)。

预算事宜最后的审议机会。其他未竟事宜将由国会领袖与白宫以两党磋商的方式解决。①

共和党采取了 B 方案。他们放弃了逐项通过议案的想法,转而试图与政府及民主党协商一项打包议案。他们这种策略的优点之一是可以保护共和党免于就民主党未来提出的修正案进行投票,因为一揽子议案是不可修正的协商会议报告的一部分,这种限制尤其将对国会对商务部与劳工部议案的讨论产生影响。这两项议案都还没有提交到参议院,这意味着参议院将无法直接对议案做出修改。当达施勒在每日的例行新闻发布会上被问及此事时,他发出了反对的声音:"我们无法接受将如此重要的事情放到协商会议报告中。我很理解,参议院没有修正案简直是梦寐以求的事,但……我们无法将如此重大的议题提交到参议院,却不给予它们被讨论和修正的机会。"②

眼看财年还有几天就要结束了,急于休会回家的共和党谈判代表甚至在与政府坐下来之前就宣布,他们会满足总统大部分的要求。③ 最后的拨款议案按照民主党的要求增加了 65 亿美元,包括他们一直想要增加的教育经费。达施勒对此评论道:"在过去的 48 小时中,共和党回应我们要求的积极态度完全超出了我的想象。"④

剩下唯一的问题就是一揽子议案要如何向国会呈现了。但关于哪些修正案能够被纳入一揽子议案,达施勒和洛特没有协商出结果。洛特的目标是尽量限制修正案,以确保议案得以完成。"如果他们(民主党)想要修正案,我们就给他们修正案,如果他们想要辩论,那我们就对已有内容展开辩论。问题的关键在于,不管用什么方法,我们必须要完成议案。"⑤ 一方面,达施勒不想开先例,将无法修正的一揽子议案提交辩论。"我认为保护程序是非常重要的,"达施勒表示,"很显然……面对如此重要的议案……修正权对于立法程序来说至关重要,也是我们作为参议员的权利。"⑥ 另一方面,他也不想延迟或破坏这笔对民主党有利的交易。最终,他做出了妥协,他一面与共和党一起商定将一项允许

---

① "政党领袖们制定了拨款策略",国会新闻发布会(1996 年 9 月 19 日)。
② "参议院少数党领袖汤姆·达施勒的例行新闻发布会",联邦新闻社(1996 年 9 月 20 日)。
③ "参议院把除退伍军人事务部-住房和城市发展部以外的议案都纳入了一揽子议案",《国会日报》(Congress Daily)(1996 年 9 月 19 日)。
④ 大卫·R. 桑兹:"众议院批准妥协的开支议案;民主党庆祝共和党 180 度大转弯",《华盛顿时报》(Washington Times)(1996 年 9 月 29 日),A1。
⑤ "参议院多数党领袖、密西西比州共和党参议员特伦特·洛特召开新闻发布会",联邦新闻服务(1996 年 9 月 25 日)。
⑥ "参议院民主党领袖就 1997 财年开支召开新闻发布会",联邦新闻服务(1996 年 9 月 28 日)。

修正的议案提交到参议院,一面敦促他的民主党同僚不要提出修正案。①

很多急于回家为11月大选开展竞选活动的议员对这份议案表示了不满。②"这不是处理拨款议案正确的方式,"阿拉斯加州共和党参议员、拨款委员会即将上任的新一任主席泰德•史蒂文斯表示,"我们必须找到方法来确保我们就每项议案本身进行审议,向总统传达国会的意愿。"③ 参议院最保守的成员之一、俄克拉何马州共和党参议员詹姆斯•英霍夫毫不掩饰自己的批评之意:"作为多数党,我们就好像被劫持了……这一切都可以归结于一个巨大的恐惧——如果不这么做……政府就会在财年末停摆……而共和党就得为此负责。"④ 英霍夫的抗议没有阻止参议院,最终这项议案以84∶15的投票结果通过。47名民主党参议员中只有1位不赞成,而52名共和党参议员中有14位投了反对票。共和党内的反对者比支持者要保守得多,平均的提名分指数达到了0.49,而支持者则为0.33。克林顿总统于当晚签署了这项议案。

总而言之,1996年为有限影响力理论提供了清晰的例证。在众议院,一个强大的多数党能够逐项审议通过议案;在参议院,一个弱势的多数党却落入了民主党的圈套——由于共和党在修正案表决问题上举步维艰,议案通过的进程被延迟,最后不得不采用一揽子议案。和里根总统不同的是,克林顿总统认为一揽子议案利用了参议院多数党的弱势,帮助他扭转了局势。共和党选择一揽子计划实为权宜之计,因为以常规决议审议通过议案会带来过高的成本。尽管将一揽子议案作为国防部拨款议案协商会议报告的一部分的做法帮助共和党避免了额外的修正案,但一揽子议案本质上就是两党妥协、总统得利的结果。

总统在拨款流程中的策略

由于罗纳德•里根、乔治•H. W. 布什和比尔•克林顿三位总统在拨款程序中采取了截然不同的策略,本章所研究的这段时间显得尤为有趣。本章最后一节更为详细地讨论了总统的角色,并提出了一种新的理论,即总统在拨款程序中实行的"机会主义谈判"。关于一揽子议案对总统与国会谈判所起到的影

---

① "参议院民主党今天下午就开支议案修正案策略做出决定;有可能不提交修正案",白宫要闻(1996年9月30日)。

② "克林顿签署共和党的加强版议案",《国会年鉴1996年》,第52期,第133~139页(华盛顿特区:国会季刊,1997年),http://library.cqpress.com/cqalmanac/cqal96-841-24596-1091561。

③ 国会记录,1996年9月30日,S11819。

④ 国会记录,1996年9月30日,S11835。

响,目前为数不多的研究认为一揽子议案会削弱总统的谈判权。本章中进行的案例分析显示,这种结论忽略了总统在拨款程序中展现的灵活性和所取得的成功,总统在不同时期运用不同策略积极追求预算目标的行为,符合"机会主义谈判者"的特征。

理查德·诺伊施塔特(Richard Neustadt)在1990年的著名研究中指出,在一个不同政治机构共享权力的体制中,总统的权力源自其谈判能力。尽管总统无法通过官方机制使国会颁布他偏好的政策,但可以通过直接和非直接的方式来影响立法程序(Jones 2005)。布兰迪和沃尔登2006年在研究中指出,总统可以指定立法日程,影响立法者的选择,并与关键的立法者达成妥协。总统能够产生的最大的影响力是否决权。否决威胁可以加剧僵局,或推动政策向总统的偏好转变。

一般研究认为,一揽子议案会削弱总统有效谈判的能力,因为否决议案会付出巨大代价(Krutz 2000;Wlezien 1996)。标准模式下的国会简化了立法环境,它所描述的是政策与诸如总统这样的主要立法者共存的单一维度。总统否决议案的可能性取决于总统的偏好与现状以及新政策的相对关系。一揽子议案打破了这个模型的假设,因为它们是多维度的,并且将不同的政策制定者捆绑在了一起。如果一揽子议案中同时含有总统支持和反对的议案,那么总统就很难直接对其进行否决。辛克莱在研究中指出,20世纪80年代的民主党曾将里根总统反对与支持的法律条款混在一起,以防止总统否决(2002,154-155)。克鲁兹认为一揽子议案相较单项议案赋予了国会更大的谈判优势,他认为比起总统,国会更能够通过一揽子议案满足自己的政策目标(2001a,125)。

机会主义谈判理论通过加入拨款议案的独有特点,修改了谈判的模型。首先,它默认总统与国会认为必须为政府提供拨款,即使双方在细节上存在激烈的争议。其次,它将拨款立法过程视为谈判的延续,而达到为政府拨款的目的有多种途径。拨款议案可以以常规决议或一揽子形式通过。临时的常规决议可以为进一步的协商提供时间。在立法过程的任何阶段出现的否决或否决威胁并非为了永久扼杀议案,这种"连续否决谈判"的行为要求国会继续与总统谈判,直到议案内容接近总统的偏好(Cameron and McCarty 2004)。总统必须回答的唯一问题是否决的代价是否高于继续谈判。最后,它默认总统是机会主义者,会在不同时间用不同的方法来追求自己的政治利益,作为一个群体,他们对常规决议或一揽子议案没有明显的偏好,但是会寻求谈判机会来满足自己的目的。

最后一点对于理解总统在管理拨款议案过程中的角色至关重要。研究将总统职位描述为"个人与制度"的结合,因为总统的个人判断会影响政府的行为(Jones 2005,24)。总统谈判是为了达到自己的目的,但"总统参与立法的行为并不是公式化的"(211)。与此观察一致的是,总统对于常规决议或以一揽子议案的方式来讨论拨款议案没有系统性的偏好。任期临近结束的里根总统认为,逐项讨论拨款议案更为可取。他在1987年9月的每周广播演讲中解释了原因:

> 现在,国会通过了一项临时决议,把已拨付的联邦经费合并为一大块,当这些庞大的持续决议到达我的桌上时,我只有选择接受或者放弃。如果选择签署决议,那等于接受无法控制资金的浪费,如果选择拒绝,那美国政府就会因缺乏经费而停摆。①

在里根看来,一揽子议案剥夺了总统的权力,因为它将否决的代价抬升到了无法接受的程度。长期担任参议院拨款委员会主席的西弗吉尼亚州民主党参议员罗伯特·伯德则持相反观点:"一揽子议案给了白宫主导权……允许白宫为开支设定天花板。一揽子议案妨碍了国会议员辩论重要事项的权利。"②在伯德看来,一揽子议案将谈判主动权给了总统。

行政管理和预算局在克林顿政府末期整理了1993~2001年的拨款立法程序,这段有趣的历史为我们证明了政府将预算立法季视为谈判的延伸,并将否决权视为改进议案的工具。③在"典型的预算季"的标题下,这份备忘录描述了政府在长达数月的时间里是如何影响拨款议案的。预算草案的提交及政府官员的国会证词标志着预算季的开始,随后发布的政府政策声明会陈述政府当局对于开支的态度,行政管理和预算局每晚会向白宫工作人员汇报拨款议案的审议情况。备忘录中指出,政府和国会谈判达成的一揽子议案是"总统在立法方面取得的最重要的胜利","除了否决与否决威胁,这些谈判也被用来推翻国会之前的拨款决议"(18—19)。这份备忘录的写作初衷是为了给克林顿总统留下一笔历史遗产,但它对拨款立法程序的描述并不符合"由于否决代价太高,一揽子议案使总统处于劣势"的观点。相反,克林顿总统更像是一位机会主义谈判者,运用一切手段在拨款立法程序中达成自己的目标。

尽管机会主义谈判理论还需要接受更多研究的检验,但某些议题可以通过

---

① "里根总统的每周广播演讲稿",美联社(1987年9月19日)。
② 国会记录,2004年11月20日,S11742。
③ "克林顿政府时期美国行政管理和预算局的历史,1993~2001年",行政管理和预算局,电子版来自威廉·杰斐逊·克林顿总统图书馆电子馆藏:http://www.clintonlibrary.gov/nec-omb.html#Office%20of%20Management%20and%20Budget,访问日期为2013年5月25日。

它获得有益的解释。众所周知,总统可以行使否决权或否决威胁来影响政策结果,而否决对于国会采用常规决议或一揽子议案有什么影响呢?要回答这个问题,笔者首先评估了表2.5"一揽子议案"模型中的一个变量,将分裂的政府替换为一个显示总统是否会否决议案的新变量。笔者在参议院秘书处整理的报告以及其他补充材料中找到了22次针对拨款议案的否决。这个模型还包括了"无全院投票"这一项,作为参议院的单独变量。参议院不会就众议院未投票的事项进行表决,所以这个变量能够有效地衡量一揽子议案的产生是否是因为参众两院选择弃用常规决议。这个模型还包括以议案类型统计的固定效应以及按年统计的集中标准误差。

表 4.4　　　议案遭否决后被纳入一揽子议案的逻辑分析,
固定效应按议案统计,标准误差按年集中

变　量	模型 A
参众两院无全院投票	6.66*** (1.47)
分裂的国会控制权	0.31 (0.88)
否决	2.60*** (0.71)
共和党控制众议院	0.18 (1.05)
共和党控制参议院	1.20 (0.80)
选举年	0.69 (0.79)
赤字	−0.36 (2.81)
《预算强制法案》	−0.78 (0.79)
前一年使用一揽子议案	3.12** (1.41)
常数	−3.93*** (1.23)
拟对数似然值	−126.11
拟 R^2	0.61
N	479

注:统计学显著性差异在 * $p<0.10$;** $p<0.05$;*** $p<0.01$;双尾检验。

表4.4采用了Logit回归模型与第二章讨论的"一揽子议案"模型中的因变量。这些变量在模型中有着重要的统计意义。正如预测的那样,"无全院投票"与议案是否会被纳入一揽子议案正相关,达到统计学显著意义水平($p<0.01$)。总统否决议案同样与议案是否会被纳入一揽子议案正相关,达到统计学显著意义水平($p<0.01$)。否决对于议案是否会被纳入一揽子议案产生的边际效应可能是显著的。假设两院都对议案进行了投票,民主党控制众议院,共和党控制参议院,又恰逢选举年,《预算强制法案》还未实行,其他变量都在正常范围内——否决导致国防部议案被纳入一揽子议案的可能性上升了23%,劳工部-卫生与公共服务部议案则上升了62%。[1]这些发现证明,总统能够通过否决议案影响哪些议案会被纳入一揽子议案,这符合一个更广泛的观点,即一揽子议案并不总是将总统置于不利地位。总统们可能已经意识到,否决一项议案会增加它被纳入一揽子议案的可能性,尽管如此,他们还是倾向于与国会进行再次谈判。

在本章的剩余部分,笔者分析了针对一项议案的否决威胁是否会导致多数党弃用常规决议。通过案例分析所收集的证据是复杂的。来自乔治·H. W. 布什的否决威胁削弱了参议院少数党拖延的动机,反而使议案更容易以常规决议方式通过,这也可能是强大的多数党民主党影响的结果。另外,在克林顿政府于1996年施压国会制定一揽子议案的案例中,政府政策声明与否决都似乎帮助总统取得了成功,但事实上,弱势的多数党共和党可能才是根源所在。

对否决威胁进行分析有三大好处:首先,它为国会或总统以常规决议或一揽子议案的方式协商议案是否具有系统性优势提供了证据支撑。如果一揽子议案赋予了国会或总统系统性优势,那么在其他情况相同的条件下,参众两院对于否决威胁的回应应该是一致的。例如,两院在与总统进行最后的较量前,会倾向于避免对议案进行全院表决,以表明态度。或者,两院可以选择跳过常规决议,直接使用一揽子议案来最大化谈判优势。其次,它能够检验有限影响力理论。有限影响力理论认为参议院多数党在无力通过有争议的议案时,会倾向于弃用常规决议。有争议的议案更有可能在众议院得到通过,原因是众议院多数党有较强的控制议会的工具。政府发布的政策声明即表示议案是有争议的。有证据表明,在政府政策声明发布后,参议院比众议院更容易弃用常规决议,这一点符合有限影响力理论的推论。最后,它能够显示,政府政策声明是否会对国会审议议案的过程产生任何影响。简单来说,问题的核心就是总统是否

---

[1] 这些模型的变体中,将"无全院投票"变量替换为"参众两院政党势力"变量后得到的结果与表2.5中的结果相似,并且预测否决与将议案纳入一揽子议案之间的关系达到统计学显著意义水平($p<0.05$)。

有能力通过否决威胁来影响常规决议的议案。

用来检验预测结果的数据来自塞缪尔·科奈尔(Samuel Kernell)整理的政府政策声明集。[①] 科奈尔收集的仅是含有否决威胁的政府政策声明,在1985～2004年间发布的937项声明中,有217项是针对拨款议案的,其中58%(125项)的声明送给了众议院,36%(78项)送给了参议院,6%(14项)送给了两院协商会议的与会者。表4.5显示了每年送至参众两院及协商会议的声明数量。政府政策声明一般都是针对某些具体议案的,这里的数据表明了每项拨款议案在每年经由参众两院及协商会议审议时收到的政府政策声明。

表 4.5　　　　　　　政府政策声明发布频率,1985～2004年

年　份	众议院	参议院	协商会议
1985	0	1	0
1986	1	2	0
1987	1	1	0
1988	9	5	0
1989	3	2	3
1990	3	5	0
1991	7	4	0
1992	17	9	0
1993	0	0	0
1994	0	0	0
1995	12	7	11
1996	8	2	0
1997	19	10	0
1998	14	5	0
1999	6	5	0
2000	10	8	0
2001	3	4	0
2002	1	1	0

① 数据源自美国行政管理和预算局;塞缪尔·科奈尔:"复制数据:政府政策声明中的总统否决威胁,1985～2004年",2007年,http://hdl.handle.net/1902.1/10199。

续表

年 份	众议院	参议院	协商会议
2003	5	6	0
2004	6	1	0
合 计	125	78	14

表 4.6　参众两院政府政策声明以及未能发起投票的逻辑分析，1985～2004 年，标准误差按年集中

变　量	模型 A	模型 B	模型 C	模型 D
政府政策声明		0.92** (0.43)		−0.35 (0.61)
控制优势	−13.88* (7.67)	−12.90* (7.34)	−101.65*** (36.55)	−99.93*** (35.00)
同质性	−28.02** (11.72)	−24.60*** (9.25)	27.79 (55.64)	31.15 (55.71)
差异	10.50 (10.34)	9.53 (8.74)	−32.33 (57.50)	−36.39 (57.72)
众议院未投票	6.29*** (1.78)	6.69*** (1.70)		
分裂的国会控制权	−6.90** (2.96)	−5.84** (2.66)	−6.14** (2.76)	−6.17** (2.76)
共和党控制议院	−13.92** (6.63)	−12.00** (5.31)	−38.50** (17.98)	−37.16** (17.00)
选举年	1.98*** (0.39)	2.21*** (0.45)	0.77 (0.55)	0.80 (0.52)
赤字	1.92 (4.84)	3.15 (4.39)	31.22*** (10.70)	30.91*** (10.43)
《预算强制法案》	−4.18** (1.69)	−3.58** (1.39)		
一揽子议案中的议案比例（滞后）	−2.85** (1.40)	−2.56* (1.41)	1.11 (2.74)	0.98 (2.73)
常数	20.31** (9.19)	16.57** (8.28)	39.96 (27.45)	38.61 (26.45)
拟对数似然值	−55.63	−54.39	−44.34	−44.19
拟 R^2	0.50	0.51	0.29	0.30
N	259	259	259	259

括号中为标准误差。* $p<0.10$，** $p<0.05$，*** $p<0.01$。

表 4.6 显示的是 4 个回归模型的结果,与第二章中讨论的类似。模型 A 和 B 中的因变量是参议院"不进行投票",而模型 C 和 D 中的因变量是众议院"不进行投票"。模型 A 和 C 不包含政府政策声明这一变量,模型 B 和 D 包含参众两院所审议的议案分别收到的声明数量。所有的模型都不包含之前模型中使用过的"分裂的政府"这一变量,因为政府政策声明可直接用于衡量行政机构与立法机构之间的矛盾。这里采用的数据仅限于 1985~2004 年间的政府政策声明,这限制了党派特征变量的变异幅度,并提高了众议院变量的共线性。基于以上原因,对众议院党派特征影响的估算并不可靠。这些模型也没有包含每项议案的固定效应,缺乏变化导致了大量案例没有被采用。模型 C 和 D 因为相似的原因排除了《预算强制法案》这一变量。

模型显示的结果符合有限影响力理论与机会主义谈判理论。参议院多数党在总统向其发布反对性的政府政策声明时,更倾向于采用常规决议,在模型 B 中呈现出统计学显著性水平($p=0.03$)。对众议院而言,总统针对拨款议案发布的政府政策声明不会产生显著的统计学效应($p=0.57$)。参议院的党派特征变量保持在预测范围之内,由于所研究时间范围之内的数据变异较为有限,这些变量的显著性已经与第二章模型中的有所不同。正如之前指出的,多重共线性导致对众议院党派特征的估算并不可靠。事实上,由于国会主要决定如何通过拨款议案,总统发布反对性的声明并没有带来过大的边际效应。在第二章讨论的"困难的"模型中①,多数党弃用常规决议的可能性增加了 22%,而在"普通的"模型中,边际效应降为零。鉴于案例分析的结果,较小的边际效应并不令人惊讶。乔治·H. W. 布什总统在任期内针对开支议案发表了数次声明,但最后这些议案还是以常规决议得到了通过。尽管如此,这些发现仍然符合之前的结论:总统对议案是以常规决议还是一揽子议案的形式通过具有一定的影响力,部分原因是当总统发布政府政策声明时,参议院审议议案就会出现一些争议。政府政策声明使参议院多数党以常规决议通过议案变得更为困难,在这种情况下,多数党更倾向于不对议案进行投票。

结 论

第四章回顾了一段关键时期——国会在 7 年的时间中放弃了使用一揽子

---

① 边际效应指的是政府政策声明这一变量在从 0 到 1 的变化中,未能就议案发起投票的可能性所产生的差异。政府政策声明是计数变量,所以边际效应可以衡量总统对议案发布政府政策声明的效应。

议案,之后又恢复了使用。这段时期具有几个鲜明的特征。它揭示了政治系统的冲击是如何影响一揽子议案的可能性的。1988年,里根总统在发表国情咨文演讲时,通过否决威胁遏制了第一波一揽子议案的浪潮。1995年,众议院议长纽特·金里奇在预算问题上用拨款议案向总统比尔·克林顿发起挑战,危机最终由双方协商制定的一揽子议案化解。这些事件引出了一个更大的问题:是什么导致这些变革延续了下去? 在1988年里根总统发出否决威胁后,国会又恢复使用常规决议,这种做法持续到了1994年。在1995～1996年政府停摆后,一揽子议案又重新成为国会的惯例做法。证据显示,参议院多数党的强势在其中起到了重要作用。从1988年到1994年,由于民主党在参议院明显的控制优势以及高度一致的意识形态,民主党的势力空前强大。尽管民主党时常在投票上面临挑战,但他们总能压倒对方。1994年后,随着一个规模更小、意识形态更分裂的共和党控制了参议院,多数党的势力开始衰落。相对弱势的共和党无法凭借一己之力通过议案,他们面对的是民主党修正案的轮番轰炸,以及克林顿总统与民主党配合的拖延战术。共和党领袖的回应是将开支议案撤出参议院,转而与克林顿总统商讨一揽子议案。尽管这一妥协的结果获得了两党多数成员的支持,但来自共和党保守派的反对以及当时的报道显示,一揽子议案仍然倾向于民主党的利益。

这些发现为有限影响力理论提供了进一步的支撑。1988～1994年一揽子议案消失的原因是,强大的多数党民主党无须借助一揽子议案来通过预算。在政府停摆期间,由于劳工部-卫生与公共服务部议案与哥伦比亚特区议案迟迟无法通过参议院审议,这两项议案最后被纳入了一揽子议案。而1996年一揽子议案出现的主要原因是多数党无法克服民主党的阻挠逐项通过议案。作为回应,共和党协商制定了一项限制修正权的一揽子议案来保护自己,并确保预算得以通过。

本章最后就"总统的角色"进行了关键性的讨论。关于一揽子议案是否是达成政策目标的有效工具,总统们的观点各不相同。以里根总统为代表的一部分人反对一揽子议案,认为这会动摇总统的角色。以克林顿总统为代表的其他人则认为一揽子议案给予了自己谈判的优势,并积极与国会中的同盟协作来制定议案。一揽子议案的出现主要是用于解决多数党在国会通过立法时遇到的困难,另外,总统也可以影响参议院立法冲突的程度,并间接鼓励或打压一揽子议案的产生。

第五章

第二波浪潮(1995～2012年)

20世纪80年代,参议院多数党共和党的内讧使临时持续决议变为长达一年的政府拨款措施。一揽子拨款的第一波浪潮一直持续到了1988年,国会才回归常规决议。随着1995年共和党控制国会后,一揽子议案再度成为国会拨款的常用手段。在第五章,笔者研究了一揽子拨款的第二波浪潮,以及2001～2004年间的乔治·布什政府。

对这段时期的实证在主要方面都与有限影响力理论的预测相符。参议院多数党的弱势是源自微弱的控制优势。两党在参议院的势力不相上下,两年之间,参议院的控制权两度易主。同时,两党也各有一部分中间派,可能将选票投给另一方。倒戈的风险意味着当多数党将一项议案提交到参议院时,将会面临被少数党夺取关键投票的尴尬。共和党与民主党之间不断扩大的意识形态分歧同样加剧了来自少数党的反对,更有可能引发具有破坏性的冗长辩论。这些问题使多数党采用常规决议不仅变得困难,而且面临政治危险。弃用常规决议能帮助多数党克服这些困难,避免陷入"艰难投票",保证议案顺利通过。尽管一揽子议案在这段时期受到了来自两党的支持,但略多于50%的少数党成员仍不时提出反对。一揽子议案还推翻了参众两院之前通过的一系列决议。这些发现比前几章中呈现的证据更符合多数党控制模型的预测,但这种解释仍然存在一些重要的问题。许多被推翻的政策在通过参议院的时候得到了大多数民主党成员的支持,其余的则是靠共和党头面人物的力挺。总统乔治·布什的影响力似乎是决定议案政策方向的主要因素,他不仅进行了激烈的谈判,还使用否决威胁来引导政策走向。克林顿和布什的例子共同证明了总统可以通过对一揽子议案进行协商来有效地实现他们倾向的政策。尽管总统的倾向会造成失去一部分少数党的投票,但一揽子议案仍旧能获得两党的支持。

微弱的优势,尖锐的分歧

图 5.1 展示了多数党的特征,以及这段时期一揽子议案的模式。随着多数党弃用常规决议变得越来越频繁,一揽子议案的规模也逐渐变为囊括所有议案。同样,多数党一开始试图以常规决议审议大多数议案,但最后都未能进行投票。政党特征相较往年出现了一些有趣的差异——该时期多数党的控制优势总体较弱,唯一的例外是第 111 届国会,作为多数党的民主党控制了参议院的 60 个席位。另外,多数党表现得更为同质化,与少数党的分歧也更大。与过去不同的是,多数党的同质性与弃用常规决议呈现出正相关。此外,多数党与少数党的分歧也达到了研究范围内的最高水平。

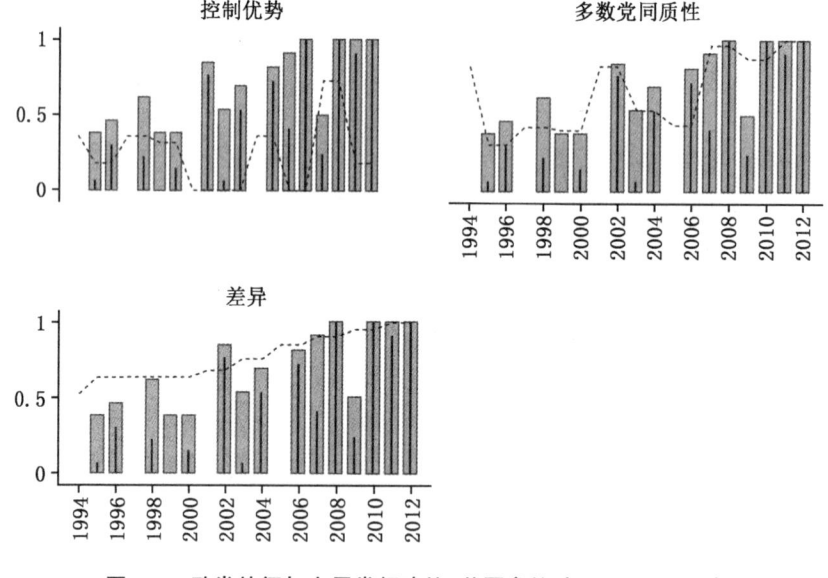

图 5.1　政党特征与弃用常规决议,美国参议院,1994~2012 年

多数党与少数党之间的显著差异表明,两党之间的政策分歧已经越来越尖锐,由此导致的少数党的激烈抗议或冗长辩论也比往年来得更加猛烈。图 5.2 使用提名分的核密度来显示第 97 届国会(1981~1982 年)与第 108 届国会(2003~2004 年)参议院共和党和民主党的意识形态分布。有趣的是,相比民主党,共和党的意识形态更为多元化。第 97 届国会中民主党的提名分中位数为−0.30(标准误差为 0.14),共和党的提名分中位数为 0.27(标准误差为 0.20)。

第 108 届国会中,民主党的提名分中位数为－0.37(标准误差为 0.12),共和党的提名分中位数为 0.39(标准误差为 0.16)。

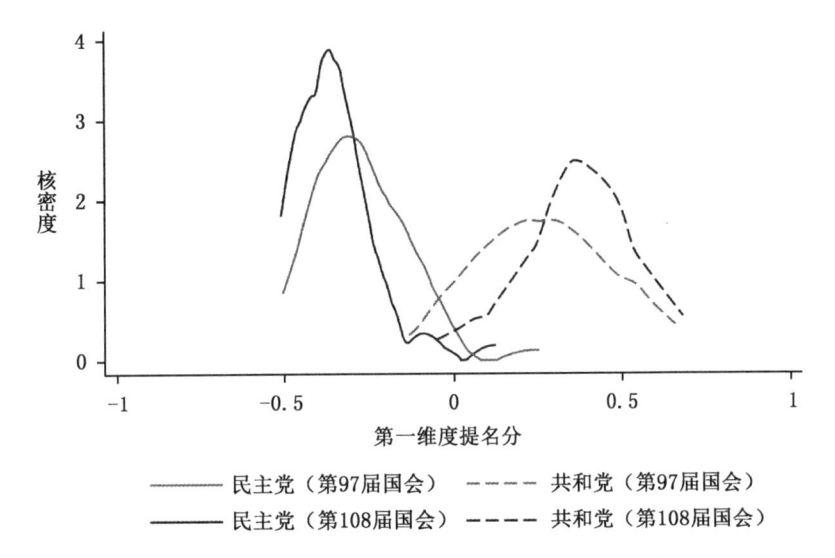

图 5.2　民主党与共和党意识形态分布,美国参议院,第 97 届和第 108 届国会

极为微弱的优势使得作为多数党的任何一党在少数中间派成员倒戈时,都会面临被压制的危险。本章后面会具体讨论第 108 届国会中民主党是如何成功用一系列修正案来团结核心成员、争取对手的中间派,从而一举击败多数党共和党的。图 5.3 举了一个典型的案例——民主党在 2003 年用修正案来打破布什政府对加班工资的限制。起初,共和党以 51∶49 的投票结果占据优势,随着民主党赢得了 6 位自由派共和党议员的支持(同时,只有 1 位保守派民主党议员倒向共和党),民主党成为最后的胜利者。由此可见,多数党在参议院就修正案发起投票时,有可能会遭遇令人尴尬的滑铁卢。

2000 年初,拨款委员会多年来的稳定架构发生了变革。"9·11"事件之后,国会重新改组了政府部门,两院也花费了数年时间,尝试为下属委员会制定新的管辖权,直至第 110 届国会正式确立新的架构(见表 5.1)。本章中涉及的第 107 和第 108 届国会正处于变革的初期。第 108 届国会为新成立的国土安全部增设了一个下属委员会,并通过与其他委员会合并的方式取消了原先的财政部-邮政部下属委员会。第 109 届国会延续了对下属委员会的改革,但两院改革的形式有所不同。众议院将下属委员会的数量削减到了 10 个,参议院则是 12 个。到了第 110 届国会,随着民主党重新夺回参众两院的控制权,两院的结构也发生了调整,下属委员会的数量都变为了 12 个。尽管管辖权相同,但这些下

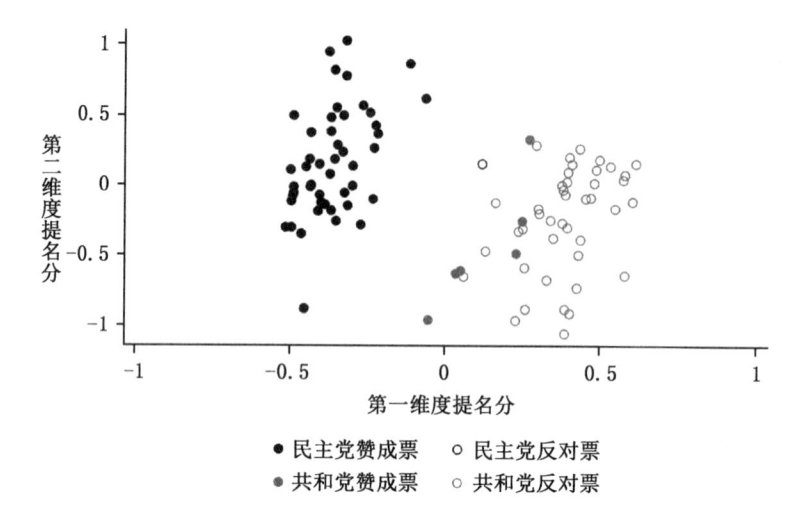

图 5.3　民主党的胜利：打破了加班工资的限制，唱票表决 334，美国参议院，2003 年

属委员相较 20 世纪八九十年代已发生了显著的变化。

表 5.1　　　拨款委员会组织架构的演变，第 107~110 届国会

第 107 届	第 108 届	第 109 届 众议院	第 109 届 参议院	第 110 届
农业部	农业部	农业部	农业部	农业部
商务部、司法部和国务院	商务部、司法部和国务院	国防部	商务部、司法部与科学院	商务部、司法部与科学院
国防部	国防部	能源与水利	国防部	国防部
哥伦比亚特区	哥伦比亚特区	援外事务管理署	哥伦比亚特区	能源与水利
能源与水利	能源与水利	国土安全部	能源与水利	金融服务
援外事务管理署	援外事务管理署	内政部	国土安全部	国土安全部
内政部	国土安全部	劳工部-卫生与公共服务部	内政部	内政部
劳工部-卫生与公共服务部	内政部	退伍军人事务部	劳工部-卫生与公共服务部	劳工部-卫生与公共服务部
立法机构	劳工部-卫生与公共服务部	科学院、国务院、司法部与商务部	立法机构	立法机构
军事建设	立法机构	运输部、财政部、司法部、住房和城市发展部、哥伦比亚特区	军事建设与退伍军人事务部	军事建设与退伍军人事务部

续表

第 107 届	第 108 届	第 109 届 众议院	第 109 届 参议院	第 110 届
运输部	军事建设		国务院与援外事务管理署	国务院与援外事务管理署
财政部	运输部-财政部		运输部、财政部、司法部、住房和城市发展部	运输部-住房和城市发展部
退伍军人事务部-住房和城市发展部	退伍军人事务部-住房和城市发展部			

布什时代

接下来,笔者会逐年分析乔治·布什总统在 2001～2004 年首个任期内的拨款程序。分析得出的证据与理论的推论相符——当多数党面对参议院充满挑战的投票环境时,会倾向于弃用常规决议。在这段时期,国会共经历了两次预算决议失败,还有一次在换届前未能通过全部的开支议案,只能将其推迟到下一届国会再行商议。这些案例显示了两党在总的开支水平和议案的常规附加条款方面存在严重分歧。围绕对古巴贸易、加班薪酬标准等问题的讨论每年都会出现。面对可能出现的冗长辩论以及在重要的政策辩论中失利的风险,多数党领袖选择了放弃审议单项开支议案,转而利用协商会议来制定无法修正且必须通过的一揽子议案。

第 107 届国会(2001～2002 年)

第 107 届国会的特殊背景是史无前例的。两位总统候选人——得克萨斯州州长乔治·布什和副总统阿尔·戈尔(Al Gore)之间的激烈竞争由于佛罗里达州的选票争议而陷入了僵局。最后,最高法院判决停止重新计票,布什州长由此获胜。虽然共和党在众议院以微弱优势胜出,但两党在参议院却是平分秋色,各占 50 席。副总统迪克·切尼(Dick Cheney)打破僵局的关键性一票帮助共和党控制了参议院,但佛蒙特州共和党参议员吉姆·杰福兹的倒戈使得民主党在 2001 年重新占据了多数。愈演愈烈的党派斗争在"9·11"恐怖袭击发生后戛然而止。随后,参议员达施勒的办公室在 10 月 15 日收到了一封含有炭疽杆菌的信件,华盛顿陷入更深的恐惧之中,这直接导致了哈特参议院大楼的临时关闭,国会的日常工作受到了严重干扰。到了冬天,美军已经在阿富汗展开了部署,国会正在就是否攻打伊拉克展开辩论。由和平进入战争状态的美国正在努力解决如何加强安全和防止恐怖袭击等重要问题。由于这些事件的干扰,两党没有像以往一样就预算展开辩论,2001年成为拨款异常顺利的一年。到了2002年,党派斗争故态复萌,参议院也恢复了弃用常规决议,转而采用一揽子议案的做法。

2001年

在第107届国会为2002财年制定预算的时候,面临着几个重要的问题。预算在数十年中第一次出现了盈余,国会需要决定这笔"意外之财"是用于减税、社会保障还是医疗保险。民主党认为共和党控制的参议院为了避免权衡,采取了毫无吸引力的"第三条路线":削减为常规预算议案准备的资金。共和党参议员吉姆·杰福兹的倒戈增加了民主党要求增加预算的谈判优势。民主党在7月4日控制了参议院后,将为开支议案寻求更多预算作为首要任务。①

起初,由于权力交接以及国会对总的开支水平的不确定,新的多数党——民主党推进议案的过程还算顺利。在8月国会休会前,已有5项议案获得通过,剩下的1项却面临极大的阻碍。7月末,国会在讨论以往"波澜不惊"的运输部议案时,花费了整整两周讨论来自墨西哥的长途卡车是否可以如《北美自由贸易协定》(NAFTA)规定的那样驶入美国境内的目的地。由共和党控制的众议院在通过议案时完全禁止了这一做法,参议院则采用了更为温和的方式。华盛顿州民主党参议员派蒂·莫瑞(Patty Murray)是运输部议案下属委员会的主席,她提交了一项修正案,希望增加具体的安全要求以代替禁令。两份修正案都遭到了布什政府的反对,并发出了否决威胁。此外,议案也遭到了代表边境各州、希望促进贸易的共和党参议员——亚利桑那州参议员约翰·麦凯恩(John McCain)、新墨西哥州参议员彼得·多梅尼契(Pete Domenici)以及得克萨斯州参议员菲尔·格拉姆(Phil Gramm)的反对。

由于反对者不断提出修正案,运输部议案在参议院反复遭到搁置。② 辩论的高潮发生在参议员麦凯恩和他的同僚试图修改莫瑞提出的安全条款失败后,

---

① 丹尼尔·帕克斯:"预算季升温,民主党宣称布什的减税政策会强制挪用信托基金",《国会报道周刊》,2001年7月7日,第1646~1646页,http://library.cqpress.com/cqweekly/weeklyreport107-000000277631。

② 詹姆斯·本顿:"墨西哥卡车安全条款成了运输部议案的拦路虎",《国会报道周刊》,2001年7月28日,第1860~1861页,http://library.cqpress.com/cqweekly/weeklyreport107-000000290948。

采用冗长辩论的策略阻挠议案通过,并成功地以 57∶27 的投票结果阻止了结束讨论的动议。① 随后,多数党领袖达施勒与参议员麦凯恩达成协议——在 8 月国会休会结束前不会任命协商委员会的任何成员(麦凯恩希望利用这段时间为自己争取更多支持),议案得以在参议院以口头表决的方式通过。而这在参议员麦凯恩的眼中只是短暂的休息,他表示:"我们陷入了停滞,我们应该还能再争取 3 张终止辩论的投票。9 月休会回来后,我们会奋战到底。"②

转眼到了 8 月,还没有一项开支议案进入协商会议阶段。眼看参议院两党之间就总的开支水平展开一场"大战"已是无可避免。③ 就在这个时候,"9·11"恐怖袭击发生了,此时再进行党争不得人心,对于开支上限问题的忧虑也被灾后的应急议案取代。恐怖袭击带来的"平静"减少了围绕附加条款的争议,有争议的附加条款被悄悄地撤销或忽略了。在审议农业部议案与财政部议案的时候,针对美国与古巴的贸易问题并没有出现预期的激烈讨论。民主党提交了一项针对劳工部-卫生与公共服务部议案的修正案,希望赋予急救工作人员成立工会的权利。在终止讨论的投票失败后,民主党放弃了这项修正案。国会最终通过的运输部议案对参议员莫瑞提出的条款措辞进行了弱化,直至布什政府可以接受的程度。④ 拨款议案在参众两院都进行了表决,最终以常规决议方式得到了通过,这种情况多年以来还是头一次出现。

值得注意的是,2001 年异常顺利的预算立法印证了"多数党成员更倾向于使用常规决议,将其视为标准流程,只有在逐项通过开支议案出现困难时才会放弃"的观点。恐怖袭击后,由于全国上下团结一致,暂时摒弃了党派纷争,国会得以用常规决议通过了拨款议案。

2002 年

2002 年,华盛顿又回归政治。国会起草了一个包含 11 项议案的一揽子议案(见表 5.2)。预算立法从一开始就遇到了阻碍,布什总统对国内可自由开支的 7 590 亿美元上限表达了反对。众议院在自己的预算决议中支持了这一做法。由于参议院民主党无法在开支水平上达成一致,预算决议没有提交到参议院。更复杂的是,参众两院的拨款委员会都认为 7 590 亿美元的上限不足以覆

---

① 唱票表决 259,美国参议院,第 107 届国会第二次会议,2001 年 7 月 27 日。
② 国会记录,2001 年 8 月 1 日,15284。
③ "开支大战暂时休战",《国会年鉴 2001 年》,第 57 版,第 2~3 页(华盛顿特区:国会季刊,2002 年),http://library.cqpress.com/cqalmanac/cqal01-106-6382-328405。
④ 《国会年鉴》(华盛顿特区:国会季刊,2001 年),第 2~46 页。

盖全部13项拨款议案。在众议院,议长哈斯特尔特(Hastert)显然无法在不增加预算的情况下为议案的通过争取到足够的支持,议案的审议由此陷入了停滞。在参议院,民主党领袖为议案增加了部分预算,并在两党支持下在拨款委员会通过,但众议院领袖和布什总统却拒绝在开支水平上向民主党妥协。这种情况下,国会在8月之前只通过了3项议案(国防部、军事建设及立法机构),其余的议案都没能取得进展。[①]

表5.2　　　　2002年拨款议案的立法历史,第107届国会第二次会议

议案	无全院投票（众议院）	无全院投票（参议院）	包含在一揽子议案中的议案
农业部	√	√	√
商务部、司法部和国务院	√	√	√
哥伦比亚特区	√	√	√
国防部			
能源与水利	√	√	√
援外事务管理署	√	√	√
内政部		√	√
劳工部-卫生与公共服务部	√		
立法机构			√
军事建设			
财政部		√	√
运输部	√	√	√
退伍军人事务部-住房和城市发展部	√	√	√
总计	8	10	11

内政部议案是少数在众议院通过的议案之一,但在提交到参议院的过程中遭遇了棘手的冲突。造成延迟的原因是森林火灾防范问题引发的争议。整个20世纪90年代,美国西部地区的森林野火问题不断加剧,为了降低火灾风险,有人呼吁放松环境审查,以便更快进行疏林采伐。这一政策得到了来自西部地区的保守派参议员——诸如艾奥瓦州共和党参议员拉里·克雷格(Larry Craig)和蒙大拿州共和党参议员康拉德·伯恩斯(Conrad Burns)——的积极支

---

① "11项开支议案被延迟",《国会年鉴2002年》,第58版,第2～3页(华盛顿特区:国会季刊,2003年),http://library.cqpress.com/cqalmanac/cqal02-236-10373-664275.

持,他们为此向内政部议案提交了一项修正案,试图赋予林务局一项新的权力——以防火之名进行森林采伐。① 这份修正案遭到了环境利益代表的激烈反对。共和党提交修正案的另一个用意是为了使多数党领袖达施勒陷入尴尬,达施勒在过去一直致力于为其所代表的南达科他州降低森林火灾风险,共和党宣称这正是他们的修正案灵感的来源。由于担心共和党的修正案会提交投票,民主党领袖试图对一项为森林防火提供更多资金的修正案发起"终结讨论",来阻挠共和党的修正案。由于国会的规定,终结讨论会导致克雷格的修正案在投票前就被撤下。

冲突的结果是国会陷入了僵局,议案单独通过的希望也随之破灭了。② 从 9 月 10 日参议员克雷格提交修正案开始到 9 月 25 日修正案被撤下,参议院先后举行了 3 次终结讨论的投票,希望能够立刻终止针对修正案的讨论,但都未能获得所需的 60 张投票。③ 两党在谁应该为议案延迟负责的问题上互相指责。共和党认为自己是在捍卫参议院公开辩论的传统。俄克拉何马州共和党参议员唐·尼克尔斯(Don Nickles)在参议院公开指责民主党:"不管出于何种原因,有些人惧怕对克雷格修正案进行投票,但我们享有投票的权利。你们(民主党)尽可以提交终结讨论的动议,但我们要求必须进行投票……在投票前,我们不会结束这项议案。"④ 民主党方面则指责共和党滥用冗长辩论阻碍议案,延误救援物资的发放。内华达州民主党参议员哈里·瑞德表示:"他们(共和党)尽可以说自己没有使用冗长辩论阻碍议案,但这已经是我们在这个议案上耗费的第四个星期了,如果想尽快把救援物资发放给农民,他们就应该让我们继续推进议案……在我们说话的时候,正有人等着这些救援物资,共和党应该尽快让我们通过这项议案,此时,农民们什么都没有。"⑤ 当 9 月 25 日第三次终结讨论的投票失败后,多数党领袖达施勒将议案从参议院撤下,但僵局并未得到解决。参议员洛特在数月后回顾对议案的讨论时表示:"他们不想让我们直接投票,因为他们不想让自己人就如何在美国预防火灾和救火上进行投票,所以他们就让整个议案打水漂了。"⑥

---

① 见参议院修正案 4518,第 107 届国会第二次会议。
② 丽贝卡·亚当斯:"伐木辩论阻碍内政部议案",《国会报道周刊》在线(2002 年 9 月 28 日),第 2526~2526 页,http://library.cqpress.com/cqweekly/weeklyreport107-000000514672(访问日期:2010 年 4 月 26 日)。
③ 见唱票表决 217,美国参议院,2002 年 9 月 17 日;唱票表决 224,美国参议院,2002 年 9 月 25 日。
④ 国会记录,2002 年 9 月 25 日,S9185。
⑤ 国会记录,2002 年 9 月 25 日,S9185。
⑥ 参议院多数党领袖特伦特·洛特媒体见面会,联邦新闻社(2002 年 11 月 20 日)。

随着开支议案的搁置，国会通过了一项临时决议，用来延长政府拨款，并伴随着对入侵伊拉克问题的激烈讨论进入了中期选举休会。11月选举后，原本以一席之差错失多数党的共和党又夺回了参议院的控制权。士气低落的民主党在选举后进入了"跛脚鸭"会期，赢得选举的共和党变得有恃无恐，布什总统相较之前也更不会妥协了。在选举后举行的第一次新闻发布会上，参议员达施勒表示他目前工作的重心是利用"跛脚鸭"会期的这段时间，逐项通过开支议案。"我明白这可能很难，退而求其次的选择是将一部分议案打包为一揽子……如果这两点都没能做到的话，那就只剩持续决议了。"[1] 与此相反的是，共和党领袖特伦特·洛特和众议院议长丹尼斯·哈斯特尔一致认为众议院应该将持续决议延长到1月，等新一届国会开始之后再重新考虑拨款议案，以便最大化共和党的影响力。[2] 在别无选择的情况下，参议院民主党将持续决议提交了上去，同时将其他议案推迟至下一届国会，待新的多数党共和党上台后再行审议。完成未竟的拨款议案是第108届议会的首要任务。共和党领袖表示会将剩余的11项议案打包起来，以便快速通过。新一届拨款委员会主席、阿拉斯加州共和党参议员泰德·史蒂文斯表示，他的本意是希望能够逐项审议开支议案，但通过积压的议案的任务十分紧迫，使他无法选择除一揽子议案以外的其他方法。"如果逐项审议的话，我们是无法达成目标的，"他表示，"就像我说过的那样，我们会面临来自众议院的不同意见，需要召开无穷无尽的会议，面临否决以及推翻表决的风险，更不用说这一切所需要耗费的时间。"[3] 一揽子议案在2003年1月由共和党领袖提交到了参议院，在此之前，已沦为少数党的民主党甚至没有得到提前审阅的机会。[4] 根据参议院的规定，一揽子议案是可以附加修正案的，但留给参议院讨论议案的时间非常短。在经历了四周时间讨论总额为190亿美元的内政部议案后，参议院这次仅花费了6天时间就讨论了一项有1 052页、总额达3 850亿美元的一揽子开支议案。[5] 在此期间，参议院就100多项修正案进行了投票，最后以69∶29的结果通过了议案。大多数民主党核心成员反对议案，除1项以外，否决票全部来自少数党。[6]

接下来要做的就是协商一份最终的会议报告。有些民主党议员抱怨由共

---

[1] 参议院民主党领袖汤姆·达施勒在选举后的新闻发布会，联邦新闻社（2002年11月8日）。
[2] 《国会季刊每日观察》（2002年11月12日）。
[3] 国会记录，2003年1月15日，参议院议案349。
[4] 国会记录，2003年1月15日，参议院议案340。
[5] "2003财年以一揽子议案结束"，《国会年鉴2003年》，第59版，2-5-2-7（华盛顿特区：国会季刊，2004年），http://library.cqpress.com/cqalmanac/cqal03-835-24336-1083885。
[6] 唱票表决28，美国参议院，第108届国会第一次会议，2003年1月23日。

和党完全控制的协商会议将政策推向了更为保守的方向。西弗吉尼亚州民主党参议员罗伯特·伯德是拨款委员会的少数党首席代表,他曾抱怨虽然议案在编写过程中一直受到两党支持,但一到协商会议就变了:

今天《华盛顿邮报》的头条是"共和党开支议案收官",这也有点道理。参议院多数党领袖、众议院议长以及两院拨款委员会主席关起门来商讨解决了几个大问题。副总统切尼提供了政府的意见。

这些党派会议讨论的问题包括一揽子拨款议案的总开支上限、开支全面削减的规模、环境附加条款、涉及 31 亿美元的干旱议案的主要内容以及之前制定的农业部议案的补偿(由于白宫坚持而加入)。在白宫拒绝将总开支上调 31 亿美元以覆盖干旱议案的要求后,农业部议案的补偿就成了必需。①

民主党的"痛点"是参议员克雷格提出的具有争议性的森林火灾修正案。参议院在审议一揽子议案时,由于缺乏相关条款,这一项未被纳入讨论。为了达成克雷格的目标,协商会议对一揽子议案进行了修改,希望通过林业局现有的项目来扩大伐木量。②

当国会于 2 月 13 日就议案的最终版本展开讨论时,修正案的反对者们除了发泄不满,几乎什么也做不了。加利福尼亚州民主党参议员芭芭拉·博克瑟在开场白中为潦草的图表表示了歉意。她表示自己在辩论开始前的几个小时才知道这个条款的存在。博克瑟解释说,自己对协商报告中破坏环境的条款无能为力,因为协商报告是不可修正的。"我能做的只有花几分钟,提醒我们的同僚和美国人民……我们不能修正这份报告,只有通过和不通过两种结果,这是令我最痛恨的一点。"③

尽管博克瑟的言辞不甚乐观,但投票情况显示,议案仍获得了两党的支持。参议院以 76∶20 的投票结果通过了议案。参议院 1 月通过的这个版本比协商会议之前的版本获得了更多的支持,超过一半的民主党核心成员投了赞成票。④ 随着民主党对由共和党控制的协商会议给予越来越多的支持,这也让人开始怀疑:议案是否如评论所言,是带有党派偏见的? 参议员伯德在两次表决中都投了赞成票。对提名分数值的分析显示,在两次表决中都投反对票的是民主党自由派议员,诸如马萨诸塞州议员泰迪·肯尼迪(Teddy Kennedy),平均值为

---

① 国会记录,2013 年 2 月 13 日,S2431。
② "为 2003 财年及其他事项制定持续拨款决议",众议院报告,第 108~110 页,第 108 届国会第一次会议,2003 年 2 月 13 日,第 1031 页。
③ 国会记录,2003 年 2 月 13 日,S2427。
④ 唱票表决 34,美国参议院,第 108 届国会第一次会议,2003 年 2 月 13 日。

－0.52。而两次都投了赞成票的则是民主党内最保守的成员，诸如内布拉斯加州议员本·尼尔森(Ben Nelson)，平均值为－0.28。总的来说，9位从投反对票改投赞成票的议员相较一直对议案持反对态度的议员更保守，平均值为－0.43。投票模式显示，议案在民主党的中右翼成员中接受度较高，反对声音主要来自党内的自由派。

值得注意的是，第107届国会的拨款程序有着特殊的时代背景，包括"9·11"恐怖袭击、中期选举后参议院的控制权易主，以及新一届国会在上一年未能通过开支议案的情况下制定了一揽子议案。在此背景下，一些熟悉的模式出现了。在恐怖袭击发生后，国会搁置了常有的争议性问题，快速以常规决议通过了开支议案，就像多数党轻松掌控参议院时那样。在人为的和平来临之前，参议院因运输部-财政部议案中的墨西哥卡车运输问题陷入僵局，正如理论预测的那样。2002年，众议院多数党决定不把大多数议案提交至参议院，导致参议院无法一一审议。在为数不多的众议院通过的议案中，有一项迟迟无法在参议院通过，因为森林修正案遭到了少数党的反对。参议院多数党掌控议会的能力降低了2001年一揽子议案出现的可能性，并深刻影响了2002年一揽子议案的本质。

第108届国会(2003～2004年)

第108届国会迎来了自1992年民主党赢得国会和白宫选举以来，首个由统一政府领导的无间断时代。共和党在众议院保持着微弱的控制优势，乔治·W. 布什担任总统。共和党在参议院占有51席，微弱的优势使参议院变成了危险之地，多数党共和党随时可能遭遇少数党阻挠以及被民主党修正案牵制的局面。2003年，共和党就频频遭遇了尴尬——无论是民主党高票数支持通过的修正案，还是总统反对的修正案。到了2004年，为了避免相似的命运，共和党选择避免将多项议案单独提交。在这两年间，共和党领袖都在协商会议上起草了一揽子议案，并将其作为无法修正的会议报告提交至两院。一揽子议案推翻了之前拨款委员会或两院做出的决策，代之以总统的立场。议案遭到了民主党多数成员的反对，但仍有大量中间及右翼的民主党成员对此表示了支持。

2003年

2003年，国会制定了一份包含7项议案的一揽子拨款议案(见表5.3)。该年拨款流程的开端是布什总统提交的一份预算案，两院拨款委员会的两党成员们普遍认为预算太过紧张,无法通过国会的审议。到了夏季,新的"补充开支议案"消除了一部分压力,众议院在9月以常规决议的方式通过了全部议案。参议院在夏季只通过了4项议案,直到秋季快来临的时候,剩余的议案才被提交审议。①

表5.3　　　　2003年拨款议案的立法历史,第108届国会第一次会议

议　案	无全院投票（众议院）	无全院投票（参议院）	包含在一揽子议案中的议案
农业部			√
商务部、司法部和国务院		√	√
哥伦比亚特区			√
国防部			
能源与水利			
援外事务管理署			√
内政部			
劳工部-卫生与公共服务部			√
立法机构			
军事建设			
退伍军人事务部-住房和城市发展部			√
国土安全部			
运输部-财政部			√
总计	0	1	7

参议院共和党领袖希望以常规决议的方式审议议案。② 拨款委员会主席、阿拉斯加州共和党参议员泰德·史蒂文斯遵循拨款委员会的传统,坚持"每项开支议案都应该被分开审议,因为他已向拨款委员会的成员们承诺,他们将有机会就争议性的话题展开辩论,并提交修正案。"③ 史蒂文斯的立场符合参议院自由修正立法的传统,也保护了拨款委员会成员们的特权。同时,民主党也能从这种做法中得益,他们可以利用这个机会迫使共和党进行"艰难投票",以此

---

① "预算立法者忙碌的一年",《国会年鉴2003年》,第59版,第23~24页(华盛顿特区:国会季刊,2004年),http://library.cqpress.com/cqalmanac/cqal03-835-24336-1083879。
② 约瑟夫·J.施瓦茨:"共和党表示会在今年的预算辩论中妥协",《国会报道周刊》(2003年8月30日):第2086~2089页。http://library.cqpress.com/cqweekly/weeklyreport108-000000807490。
③ 安德鲁·泰勒与约瑟夫·J.施瓦茨:"史蒂文斯的承诺暂时保住了'常规决议'",《国会季刊每日观察》(2003年11月4日)。

在一些政策博弈中取得胜利。

辩论的焦点之一是9月初提交至参议院的劳工部-卫生与公共服务部议案。民主党将这份议案视为用来对抗布什政府提出的限制工人加班费的武器,并获得了该议案下属委员会主席、宾夕法尼亚州共和党参议员斯佩克特的支持。9月5日,下属委员会的资深成员、艾奥瓦州民主党参议员汤姆·哈金(Tom Harkin)提交了一份关于政府加班规则禁令的修正案。内华达州民主党参议员哈里·瑞德在辩论一开始就挑战了共和党领袖:"他们可能想把议案撤下,说不让国会投票了。如果他们这么做,后面还会有其他的拨款议案和事项出现。不管是推迟,还是附加不相关的议案,我们都会继续提交修正案的,将这个问题作为讨论事项。"① 面临民主党延迟议程的威胁,多数党领袖首先同意进行投票,参议院以 54∶45 的投票结果通过了哈金的修正案,这是少数党民主党罕见的胜利。6位共和党成员以及除1位以外其他民主党成员都投了赞成票。② 民主党通过争取共和党左翼成员,例如罗得岛州参议员林肯·查菲(Lincoln Chaffee)和宾夕法尼亚州参议员斯佩克特的支持获得了胜利。投赞成票的提名分指数为 0.18,而投反对票的共和党的提名分指数为 0.46。

这是民主党在该季度取得的唯一一次胜利。在审议运输部-财政部议案的过程中,布什政府对古巴的旅游禁令遭到了否决。为了响应新贸易市场的需求,参众两院批准了取消古巴旅游禁令的修正案,尽管此举遭到了大多数共和党议员的反对。在参议院,9位左翼共和党成员(平均提名分指数为 0.39,其余共和党成员提名分指数为 0.44)联合大多数民主党成员以 59∶36 的投票结果否决了搁置动议。③ 投票是以口头表决的方式进行的。同样,布什政府关于将部分联邦雇员私有化的建议也遭到了挑战。众议院以 220∶198 的投票结果,通过了一项阻止私有化的修正案,26 名共和党成员与团结一心的民主党核心成员一起通过了这项修正案。④ 一项相似的修正案在参议院以一票之差未能通过,但一个挑战政府政策的弱化版本却以 95∶1 的投票结果通过。⑤

参议院民主党在哥伦比亚特区拨款议案上也取得了一场胜利。共和党领袖在议案中加入了一项条款,允许特区实行教育券制度。由于教育券制度的反

---

① 国会记录,2003年9月5日,S11137-8。
② 唱票表决 334,美国参议院,第 108 届国会第一次会议,2003年9月10日。
③ 唱票表决 483,美国众议院,2003年9月9日。唱票表决 405,美国参议院,第 108 届国会第一次会议,2003年10月10日。
④ 唱票表决 487,美国参议院,第 108 届国会第一次会议,2003年9月9日。
⑤ 唱票表决 407 和 408,美国参议院,第 108 届国会第一次会议,2013年10月23日。

对者有足够的票数避免对议案终止讨论,议案在参议院陷入了胶着。在经历了毫无进展的 5 天之后,共和党请求参议院一致同意终止讨论,对议案进行投票。民主党表示反对。参议员瑞德解释了民主党的立场:"如果我们把关于教育券的争议性条款去掉……在几分钟之内议案就会得以通过。"① 共和党领袖最终没有进行终结讨论的投票,而是撤下了议案。7 周之后,他们将议案重新提交到了参议院,剥掉了教育券条款的议案很快就得到了通过。

到了 11 月初,共和党为逐项通过开支议案展开了最后的冲刺。民主党修正案的猛烈进攻使得辩论进展缓慢。在参议院的败退,使得多数党领袖比尔·弗里斯特懊恼不已,他在 11 月 4 日警告说,如果"我们不能解决目前的问题,就只能把议案打包成一揽子了"。② 几天后,弗里斯特再次发出了警告。在和议长丹尼斯·哈斯特尔特以及参众两院拨款委员会的主席们开会后,他宣布参议院会逐项讨论议案至 11 月 12 日,此后的未决议案将会被纳入一揽子议案(《国会季刊》,2003 年 11 月 6 日)。弗里斯特的决定使少数党领袖汤姆·达施勒忧心不已,他还沉浸在之前民主党在参议院取得的相对胜利中。他解释,如果以常规决议审议议案,民主党会拥有更强大的话语权:

对于一揽子议案而言,一个永恒的问题是它给了政府太大的谈判优势,可谓正中其下怀。政府由此获得了支配议案的话语权,并且最终可以决定拨款议案的表述。基于以上和其他很多原因,我们觉得必须独立通过议案、协商议案,以完成我们的工作。③

达施勒担心的另一点是,共和党计划在其控制的协商会议中起草一揽子议案,这意味着最终议案只需获得与会者多数票即可通过。这将危及民主党的政治利益。另外,根据两院的规定,对协商会议上通过的议案将无法提交修正案。

为了赶上弗里斯特设定的最后期限,共和党负责拨款议案的议员于 11 月 10 日将商务部、司法部和国务院议案提交至参议院。争议的焦点是一项推翻此前联邦通信委员会允许大型传媒公司扩大美国市场份额的条款。参众两院的拨款委员会都将这项条款加入了议案,并得到了拨款委员会主席、阿拉斯加州共和党参议员史蒂文斯的支持。他表示,拨款委员会与众议院达成的统一意见

---

① 国会记录,2003 年 9 月 30 日,S12173—4。
② 安德鲁·泰勒与约瑟夫·J. 施瓦茨:"史蒂文斯的承诺暂时保住了'常规决议'",《国会季刊每日观察》(2003 年 11 月 4 日)。
③ "参议院政策午宴之前,参议院少数党领袖汤姆·达施勒的媒体定点采访",联邦新闻社(2003 年 11 月 11 日)。

意味着协商会议不会对该议题进行再次审议。布什政府则表示,如果条款得以保留,总统将否决议案。

随后,参议院的注意力被一件完全不相关的事情——共和党司法提名——吸引了。民主党没有继续对商务部、司法部和国务院议案进行讨论,而是选择对司法提名发起了一场长达 9 小时的冗长辩论。内华达州民主党参议员哈里·瑞德对此解释道:"在众议院,多数党可以直接碾压少数党,但在参议院是无法做到这一点的。这场独角戏是为了暗示在参议院一方不可能压倒另外一方,我们必须合作。"①整个下午,民主党滔滔不绝。在他们结束发言的时候,议案被多数党领袖弗里斯特撤下了,此后再也没有被单独审议。"我可以向参议院提交议案……但要是民主党拒绝对话,拒绝辩论和讨论,我除了将议案撤下,别无选择。我只能采用唯一可行的方式,那就是将它放入小型一揽子议案中。"②

到了 2003 年感恩节,参众两院通过了除商务部、司法部和国务院议案外的全部开支议案,但共和党在此过程中遭遇了一系列尴尬的政策失败。按计划,下一步就是将 6 项开支议案和已经进入协商会议阶段的农业部议案合并到一起作为一揽子议案。根据年鉴的记录,参众两院参与谈判的议员一开始就一揽子议案达成了两党统一意见。③ 少数党领袖达施勒报告称,拨款委员会主席泰德·史蒂文斯实时向他汇报协商进程,并表示史蒂文斯和多数党领袖比尔·弗里斯特都"保证不会在协商过程中出现任何意外,会与我们保持谨慎而密切的沟通"。④

在 11 月 22～23 日那个周末,以总统的否决威胁作武器,众议院共和党领袖插手推翻了之前拨款委员会两党成员达成的妥协,代之以总统的立场。这一时期的新闻报道捕捉到了参议院共和党人对于白宫强硬的谈判策略的不满。"我认为他们(参议院共和党)做得很好,"宾夕法尼亚州共和党参议员里克·桑托勒姆告诉《纽约时报》,"如果你得到了 100 分中的 99 分,你就可以宣布胜利

---

① 国会记录,2003 年 11 月 10 日,S14288。
② "参议院多数党领袖、田纳西州共和党参议员比尔·弗里斯特,宾夕法尼亚州共和党参议员里克·桑托勒姆,以及亚拉巴马州共和党参议员理查德·谢尔比的定点采访会",联邦新闻社(2003 年 11 月 11 日)。
③ "一揽子议案之争拖入 2004 年",《国会年鉴 2003 年》,第 59 版,2-33-2-34(华盛顿特区:国会季刊,2004 年),http://library.cqpress.com/cqalmanac/cqal03-835-24336-1083980。
④ "参议院政策午宴之前,参议院少数党领袖汤姆·达施勒的媒体定点采访",联邦新闻社(2003 年 11 月 11 日)。

了。"①史蒂文斯表示,白宫的否决威胁被当作"大棒"用于赢得政策争论。② 在劳工部-卫生与公共服务部议案中,对于政府加班费规则的禁令被撤销了。在商务部、司法部和国务院议案中,基于政府的立场,史蒂文斯所支持的对媒体集中化的禁令被弱化了。在运输部-财政部议案中,关于取消古巴旅游禁令的条款被删除了,联邦雇员私有化的条款被弱化了。在哥伦比亚特区议案中,为私立学校教育券拨款的计划又重新恢复了。白宫出手干预的结果是,总统"在原本是要阻碍 7 项议案通过的一系列议题上享受着一场又一场的胜利"。

两院的民主党开始着力反对最终版的一揽子议案。众议院的抵抗如同预料中的一样收效甚微。在众议院严格的议事规则之下,协商报告在 2003 年 12 月 8 日迅速得以通过,242∶176 的投票结果基本呈现了党派分裂的局面。在参议院,由于民主党有权发起冗长辩论,议案在首次提交审议时遭到了如烈火般的强烈反对。

多数党领袖比尔·弗里斯特首先尝试将会议报告在 12 月 9 日提交辩论,但民主党领袖汤姆·达施勒对"一致同意"的请求提出了反对,阻止了参议院对议案进行审议。达施勒引用了一揽子议案中从加班工资到媒体集中化的各类条款,以此阐述民主党的反对立场:

这份一揽子议案与众不同的地方在于,它完全无视两院表达的意愿。立法的过程令人厌恶:民主党基本被排除在外,过程见不得光,只为了满足特殊利益群体的愿望。这一切本不应该如此。参议院在两党的广泛支持下通过了 13 项议案中的 12 项;众议院以高支持率通过了全部 13 项议案。没有一项议案碰到困难。立法过程之所以被如此操纵,唯一的理由就是为了给那些争议性的条款和分肥拨款开绿灯,因为它们作为独立的条款无法赢得国会的支持。③

达施勒的策略是想尽量拖延一揽子议案,让公众能够注意到议案中的条款。民主党认为这些条款会遭到公众的反对,如果舆论压力足够大,可能会迫使共和党抛弃这些条款。这是一场几乎没有胜算的赌博,如果议案无法通过,民主党可能要因此背负导致政府关门的政治后果。达施勒的策略一开始进展顺利,他的目的是要迫使弗里斯特申请终止讨论。此举将投票推迟到了 2004 年 1 月 20 日,因为参议院要进入圣诞节休会期了。到了 1 月 20 日那天,达施勒

---

① 斯托尔伯格和谢尔·盖伊:"国会向开支议案否决威胁低头",《纽约时报》(2003 年 11 月 25 日),20。

② "一揽子议案之争拖入 2004 年",《国会年鉴 2003 年》,第 59 版,第 233~234 页(华盛顿特区:国会季刊,2004 年),http://library.cqpress.com/cqalmanac/cqal03-835-24336-1083980。

③ 国会记录,2003 年 12 月 9 日,S16084。

调动了全党之力反对一揽子议案。民主党人用一场又一场的发言对一揽子议案接连发难,抱怨协商会议成了向议案中添加争议性条款的工具。作为回应,多数党领袖弗里斯特警告称,如果一揽子议案无法通过,就会产生为期一年的持续决议,这意味着之前参议院在2003年为拨款议案所做的全部工作都将付诸东流。① 结果是民主党大获全胜。多数党共和党需要60票来终结辩论,但弗里斯特只争取到了48票。② 达施勒则争取到了40位民主党议员与5位共和党议员的投票,还包括无党派的佛蒙特州参议员吉姆·杰福兹。

民主党的胜利没有持续太久。私下里民主党暗示他们无意使政府关门,会投票通过议案。"我们不是希望扼杀议案,是想要争取一个修改的机会,"达施勒表示,"我的预期是一揽子议案最终会通过,不管是否进行了修改。"③根据伊利诺伊州民主党参议员迪克·德宾(Dick Durbin)的说法,民主党的策略是"为了提出抗议"。④ 与此同时,共和党警告称,如果国会被迫制定持续决议以延续上一年的立法,那么新的拨款计划就泡汤了。多数党领袖弗里斯特宣称,如果拨款出现任何缺口,那都是民主党的责任:

如果我们无法通过这项议案,后果是一目了然的:我们的反恐措施会被削弱,不再奏效。对食品安全体系的拨款会减少,这意味着我们无法拥有一个安全可靠的食品检验系统。我们会使数百万名退伍老兵陷入困境,这本是不必要的。这就是投票代表的部分意义。我们的行为将危及数百万艾滋病患者的生命,以及全世界对这个时代最关乎道德和人道主义的公共卫生挑战所做出的努力。学校、社区、国家以及无数贫困的美国人的需求将无法得到响应。⑤

民主党继续要求共和党摒弃已经添加到议案中的附加条款,两党都很清楚,多数党领袖弗里斯特在第二次申请终结辩论时,将会获得所需的60张投票。⑥ 达施勒向参议院再三强调了他对立法过程的失望:

从立法机构的角度出发,我很担心开这个先例。如果100位参议员和435位众议员投了票、表明了立场,而一夜之间某个小集团在没有唱票表决的情况下不由分说地推翻了之前的决议,没有记录、没有指纹,直接宣告之前的行动无效,对民主而言这意味着什么?我知道今晚我们大概率会终止辩论,因为没人

---

① 国会记录,2004年1月20日,S20。
② 唱票表决1,美国参议院,第108届国会第二次会议,2004年1月20日。
③ 艾米莉·皮尔斯:"一揽子议案短暂陷入停滞",唱票表决(2004年1月21日)。
④ 同上。
⑤ 国会记录,2003年1月22日,S155。
⑥ 《能源与环境日报》(*Environment and Energy Daily*)(2004年1月22日)。

愿意背负让政府关门的责任。每个人都明白这份议案代表的责任感——不管是对退伍老兵的支持,还是其他许许多多我们非常关心的事项。我理解议员们所处的为难境地:是选择支持退伍老兵,还是选择对抗疯牛病?是选择支持高速公路与交通建设,还是选择与取消加班费的条款做抗争?是选择支持住房,还是为了保留参议院的席位而支持媒体集中化?这样的选择对任何人来说都不容易,尤其是政治家。我们可能无法阻止终止辩论,我预感我们会失败,我也明白其中的原因。①

当参议院第二次发起终止讨论的投票时,11位之前投票支持达施勒冗长辩论的民主党议员改变立场,与共和党议员一起投票请求终止辩论。弗里斯特以61∶32的结果取胜。② 冗长辩论终止后,一揽子议案当天就在参议院得到通过,并提交给布什总统签字。达施勒关于冗长辩论的号召是这次抗议的最高潮。最后的投票结果是65∶28,21位民主党投了赞成票,24位投了反对票。③

2004年

2003年的教训,弗里斯特一直铭记到了2004年。在第108届国会的最后一年,布什总统再次对国内开支提出了严格的限制,尽管这一限制被普遍认为是不切实际的。由于参议院温和派共和党人拒绝支持预算议案,议案没能获得足够的投票通过,国会也没能通过预算决议。参众两院应对挑战的方式是不一样的。在众议院,除1项以外,其他议案都是以常规决议通过的。在参议院,共和党领袖没有对7项开支议案发起投票。两院接着制定了一个包含9项开支议案的一揽子议案,以无法修正的会议报告形式提交到参议院(见表5.4)。弗里斯特的策略帮助仅有一席优势的多数党共和党避免了更多的阻碍以及令人尴尬的失败。尽管最终版的议案将政策推向了更为保守的方向(相较于议会讨论的结果),但仍然获得了大量民主党议员的支持。

表5.4　　2004年拨款议案的立法历史,第108届国会第二次会议

议　案	无全院投票 (众议院)	无全院投票 (参议院)	包含在一揽子 议案中的议案
农业部		√	√
商务部、司法部和国务院		√	√

---

① 国会记录,2004年1月22日,S128。
② 唱票表决2,美国参议院,第108届国会第二次会议,2004年1月22日。
③ 唱票表决3,美国参议院,第108届国会第二次会议,2004年1月22日。

续表

议　案	无全院投票（众议院）	无全院投票（参议院）	包含在一揽子议案中的议案
哥伦比亚特区			
国防部			
能源与水利		√	√
援外事务管理署			√
内政部		√	√
劳工部-卫生与公共服务部		√	√
立法机构			√
退伍军人事务部-住房和城市发展部	√	√	√
国土安全部			
运输部-财政部		√	√
总计	1	7	9

2003年，重大政策分歧的一项主要特征是两院亲民主党的联盟与大多数共和党成员及布什政府之间的对立。在农业部议案上，众议院拨款委员会通过了民主党提交的修正案，允许从加拿大再次进口处方药，而参议院拨款委员会则通过了民主党促进对古巴贸易的条款。在劳工部-卫生与公共服务部议案上，众议院通过了民主党禁止布什政府制定的加班费规定的修正案，参议院拨款委员会也通过了相似的修正案。在运输部-财政部议案上，众议院拨款委员会下设的小组委员会通过了民主党提出的禁止将联邦政府工作外包的修正案，众议院则采纳了放宽对古巴贸易禁令的修正案。这两份修正案在参议院拨款委员会也都得到了通过。

弗里斯特的处境颇为艰难。如果他将议案提交到国会审议，就会面临如潮水一般涌来的修正案。如果无法通过预算决议，就意味着民主党可以向所有的开支议案提出修正，增加额外的拨款。如果这些左倾修正案被提交投票，那么弗里斯特所代表的共和党可能再次遭遇惨败。民主党很有可能会在其他政治问题上大做文章以吸收投票，并以此影响乔治·W. 布什总统与马萨诸塞州民主党参议员约翰·克里（John Kerry）之间难分伯仲的竞选态势。前多数党领袖特伦特·洛特对共和党的处境表示同情,他指出,"51∶49 几乎是无法控制的"。①

到了 7 月,共和党领袖已经表示很有可能不会将多项议案提交审议,除非民主党与其就审议时间达成协议,限制修正案的出现。拨款委员会主席泰德·史蒂文斯解释说:"问题在于那些非相关的修正案,我们或者接受时间协议,或者就索性不要提出修正案。"② 当时的新闻报道暗示共和党正在考虑制定"最后阶段的策略"。计划之一是在协商会议上起草无法修正的一揽子议案,另一个选择是起草一个一揽子议案提交到国会,并允许附加修正案。这两个计划各有风险,"对共和党来说,将一项可修正的议案提交审议意味着他们必须就民主党提出的一系列竞选季开支和政策提案进行投票。而另外一种做法——向民主党提交一个'要么接受,要么放弃'的一揽子议案——很有可能会激起对方的愤怒,并招致冗长辩论"。③

弗里斯特的决定是拖延将各项议案提交审议的时间,等到布什总统赢得选举的胜利、共和党扩大自己在国会的多数党优势后(一部分是通过异常激烈的竞争打败民主党领袖汤姆·达施勒),再在"跛脚鸭"会期上对一揽子议案进行辩论。随后,弗里斯特跳过了剩余 7 项议案的辩论和投票环节,将它们打包成援外事务管理署议案的协商报告,直接通过了两院。因为参议院从未就这些议案进行辩论,将它们打包成不可修正的会议报告能确保不会有被修正的可能性,并迫使参议院直接就议案是否生效进行投票。④

弗里斯特的策略严重地影响了议员提交修正案的能力(见表 5.5)。在"随心所欲"的 2003 年,众议院就全部议案进行了投票,参议院就除 1 项以外的议案进行了投票,在此过程中,众议院就拨款议案的修正案进行了 114 次投票,参议院进行了 357 次投票。到了 2004 年,众议院有 1 项议案没有进行投票,参议院则有 7 项。众议院就修正案进行了 135 次投票,参议院只进行了 35 次投票。多数党在参议院弃用常规决议的决定,相当于为拨款程序中的大多数议案下达了"禁止修正令",关闭了参议院的讨论环节。

---

① "面对难以控制的参议院,弗里斯特面临的挑战越来越严峻",《国会日报》(2004 年 7 月 14 日)。
② "参议院拨款计划本周加快进度",《国会日报》(2004 年 7 月 6 日)。
③ 安德鲁·泰勒:"随着 8 月休会临近,共和党的拨款策略岌岌可危",《国会季刊周报》(2004 年 7 月 16 日)。
④ "一揽子议案宣告 2004 财年完结",《国会年鉴 2004 年》,第 60 版,第 23~24 页(华盛顿特区:国会季刊,2005 年),http://library.cqpress.com/cqalmanac/cqal04-836-24361-1084891。

表 5.5　　参众两院针对修正案的投票,第 108 届国会,2003～2004 年

	众议院 2003	众议院 2004	参议院 2003	参议院 2004
农业部**	11	18	52	0*
商务部、司法部和国务院	13	23	0*	0*
哥伦比亚特区	4	1	1	0
国防部	2	2	61	2
能源与水利	6	7	53	0*
援外事务管理署***	10	12	11	1
内政部	16	13	7	0*
国土安全部	5	16	35	32
劳工部-卫生与公共服务部	6	19	66	0*
立法机构	0	2	5	0
军事建设	0	0	0	0
运输部-财政部	21	22	38	0*
退伍军人事务部-住房和城市发展部	20	0*	28	0*
总计	114	135	357	35

* 表示没有就常规的拨款议案进行表决。
** 2003 年包含在农业部议案会议协商报告中的一揽子议案。
*** 2004 年包含在援外事务管理署议案会议协商报告中的一揽子议案。

这项策略使得共和党在遵守总统制定的严格开支上限的同时,连续两年阻止了亲民主党政策的通过。当时的媒体广泛地报道了这个现象,民主党也高声控诉立法议程。即便如此,关于最终议案的投票还是引出了一个问题:这些引起轰动的未经通过的政策,从多大程度上反映了一揽子议案的内容? 在众议院,一揽子议案以 344∶51 的投票结果得以通过,投反对票的民主党和共和党议员人数几乎均等。① 议案在参议院受到了民主党更为激烈的反对。拨款委员会成员、民主党资深议员罗伯特·伯德带头反对一揽子议案。伯德将这份长达 3 000 页、总金额达 3 880 亿美元的议案形容为充斥着有争议的条款和未经辩论的政策的"怪物",他这样解释自己投反对票的原因:

一揽子议案中包含了 9 项开支议案,其中只有 2 项经过了参议院的辩论。协商会议报告中杂项内容部分包含了 32 项与议案无关的条款,其中大部分从

---

① 唱票表决 542,美国众议院,第 108 届国会第二次会议,2004 年 11 月 20 日。

未经过参议院的审议。这个机构中没有人能说自己看过了议案，它包含着许多复杂且有争议的事项……然而在这个周六，在进入新财年的第51天，我们就被迫要对这个"怪物"——一项达3880亿美元、无法修正且无法审阅的会议报告——进行投票。议案的名字应该由"2005年综合拨款议案"改成"2005年不作为拨款议案"……可悲的是，这几乎已经成为我们一年一度的仪式——用这个怪物把自己禁锢起来。这不是一件好事——无论是对参议院、对美国人民，还是对政治体系而言。这样的事情在1996年、1997年、1999年、2000年、2001年、2003年和2004年都发生了。在我担任拨款委员会主席的1989~1994年以及2001年，我们每年都会制定13项开支议案。这是保护国会财政权力的方式，是保护美国人民的方式，是保护国会议员对重要立法进行辩论的权利。明年我们不能再重蹈覆辙了。猛犸象早就已经灭绝了，我希望有一天一揽子议案这头猛犸象也是如此。①

2003年，一些民主党参议员在参议院谴责会议报告放弃了部分条款，例如对布什政府加班费规则的限制，但抗议的人数与投反对票的人数并不匹配。当天晚些时候，一揽子议案以65∶30的投票结果得以通过，得到了民主党的充分支持。② 参议院民主党的投票几乎是平均分配的（23票赞成，24票反对）。6名共和党参议员也投了反对票。投反对票的民主党参议员比投赞成票的更有自由主义倾向，他们的平均提名分指数为-0.46，投赞成票议员的平均提名分指数是-0.34。民主党的主要领袖，包括参议员汤姆·达施勒和哈里·瑞德都投了赞成票。

第108届国会的格局证明了这个论点：如果多数党在审议单项议案时无法控制延误或"不友好"的修正案所带来的威胁，会促成一揽子议案的产生。2003年，当多数党领袖弗里斯特将开支议案提交到参议院辩论时，来自民主党的修正案及阻挠导致了议案的延误，以及共和党令人尴尬的失败。作为回应，弗里斯特和众议院领袖一起起草了一揽子议案，以此来限制修正案并赢得两党支持。到了2004年，为了避免出现类似的问题，弗里斯特选择不将大多数议案提交到参议院辩论，而是将它们打包成不可修正的一揽子议案。这种策略极大地限制了参议院修正议案的计划，同时为一揽子议案争取到了有力的两党支持。

尽管两份一揽子议案都赢得了民主党的有力支持，但仍有超过50%的民主党核心成员投了反对票。反对的原因之一是两份一揽子议案都推翻了之前民

---

① 国会记录，2004年11月20日，S11741。
② 唱票表决215，美国参议院，第108届国会第二次会议，2004年11月20日。

主党支持的决议。但民主党并不是唯一遭遇政策失败的政党。拨款委员会主席泰德·史蒂文斯也在一场政策辩论中遭遇了失利:他支持的一项防止媒体集中化的条款在2003年的一揽子议案中被弱化了。19位支持取消古巴旅行禁令的共和党参议员也遭到了拒绝。布什总统的影响力在这些政策问题上发挥了重要的作用。对几乎所有存在争议的政策最后都做出了支持总统的决定。

结　论

以上案例分析回顾了布什总统首个任期内一揽子开支议案产生的主要原因以及导致的结果。第107届国会分裂的政府控制权在第108届国会又形成了统一。参议院民主党与共和党虽然在作为多数党时都保持了党内意识形态的统一，但是对参议院的控制优势非常微弱。一方面是较为弱势的多数党，另一方面是险象环生的参议院。这四年呈现出的格局与预测非常相符:如果多数党难以控制参议院，就会弃用常规决议，并促成一揽子开支议案的产生。多数党面对的不仅是来自少数党频繁的阻挠，还有在少数党发起的修正案投票中遭遇滑铁卢的尴尬。作为回应，多数党或将议案撤下，或拒绝将议案提交到国会辩论。多数党起草的一揽子议案赢得了两党支持，限制了修正案数量，并最终得到了国会的通过。

值得注意的是，针对一揽子议案，反对意见比以往有所增加，而理论预测一揽子议案的设计初衷是为了赢得两党支持。一方面，国会达成的某些决议被推翻了，政策转向了更为保守的方向。另一方面，有相当数量的民主党人给予了一揽子议案一以贯之的支持。根据投票结果显示，一揽子议案呈现出了中右倾向，且获得了两党支持。另外，一些由泰德·史蒂文斯等共和党核心成员支持的政策也被推翻了。

哪些因素导致原先获得参众两院支持的条款走向了失败呢？一个可能的因素是总统的角色。在21世纪初期，乔治·W. 布什总统成功地推动政策偏向自己的立场，这和克林顿总统当政时如出一辙。两位总统的做法显示:比起多数党的控制权，总统的影响力才是推动一揽子议案中的政策呈现出党派"倾向"的最大因素，正如参议员罗伯特·伯德在2004年抱怨的那样:"一揽子议案将白宫带到了谈判桌前，并给了他们控制权。"[①] 尽管如此，总统的影响力并没有改变议案具有的两党支持的属性，最后通过的一揽子议案也获得了民主党的有力支持。

[①] 国会记录，2004年11月20日，S11742。

第六章

结　论

"为了避免出现一揽子议案，你需要制定 12 份不同的开支议案，现在，参议院……从职能上已经无法这么做了。"（工作人员访谈 F，2012 年）工作人员的观察捕捉到了一揽子开支议案与参议院多数党势力之间的重要关系。当参议院多数党较为弱势、难以掌控参议院的时候，他们会倾向于弃用常规决议。这种决定会减少参议员参与立法的机会，另外，也会帮助多数党为预算争取到两党的支持，从而影响参议院的立法结果。

多数党的影响力可以产生很多重要的结果，但也是有限的。为了保全声誉，多数党会避免"艰难投票"并促成预算通过，但没有证据显示他们可以系统性地奉行本党倾向的政策。这些发现表明，参议院多数党的影响力比传统研究所认为的更大，但没有达到修正派宣称的程度。此外，一些研究众议院两党模式的理论，例如有限政党政府理论，并没有准确地反映参议院的情况。

支撑有限影响力理论的证据

有限影响力理论为参议院多数党的影响力提供了一种更好的解释。本书检验了由此理论得出的几个推论。第一个是议员们倾向于使用常规决议，希望逐项通过开支议案，以使自身立法影响力达到最大化。20 世纪 80 年代到 21 世纪初期政策制定者的观点及国会记录都显示，大多数议员倾向于逐项通过议案。一位工作人员表示，"在我的记忆中，一揽子议案从来都不是多数党的目标"（工作人员访谈 D，2012 年）。在 80 年代，多数党领袖、田纳西州共和党参议员霍华德·贝克想以常规决议通过议案，但因为政策分歧，议案迟迟无法进入投票阶段。从80年代晚期到90年代中期，在强大的民主党作为多数党的时期，参议院一直以常规决议通过议案，没有诉诸一揽子议案。90年代中期以后，多数党共和党在试图以常规决议通过议案的过程中频频遇到阻碍。以上这些事实契合政策制定者的观点——常规决议是大多数人倾向的做法。

第二个主要推论是一揽子议案的产生是源于参议院多数党的弱势。具体来说，当多数党呈现出异质性、控制优势较弱，且与少数党分歧较大的时候，会倾向于弃用常规决议。这些因素都会削弱多数党的影响力，使他们更难控制参议院。定量证据支持了以上预测。当多数党规模更小、更分裂且与少数党分歧更明显时，他们会更倾向于弃用常规决议。但这一规律并不适用于众议院。众议院多数党在少数几次弃用常规决议时，更可能保持内部团结，就像研究众议院的理论所预测的那样。两院的对比显示出参议院的权力运作与众议院截然不同。

案例分析的结果也支持多数党的弱势会催生出一揽子议案这一推论。20世纪80年代初期，共和党由于较小的控制优势和分裂的内部意识形态，成为弱势的多数党。由于共和党在学校祷告、堕胎之类的问题上内讧不休，参议院无法就开支议案逐项进行投票。一揽子议案的首次出现是多数党按照传统做法将临时拨款决议延长一年，并在逐项通过议案无望后放弃的结果。20世纪90年代中期以后，虽然多数党变得更为团结了，但他们仍面临着内部倒戈的风险，以及由于两党意识形态分歧加剧而愈演愈烈的少数党抗议。在共和党试图以常规决议通过议案的过程中，民主党如洪水一般的修正案阻碍了议程的进展，并强迫共和党进行"艰难投票"。作为回应，共和党通过在协商会议上制定一揽子议案来限制修正案的出现，以促成两党联盟。在1988～1994年间，由于参议院处于民主党的控制之下，一揽子议案不再频繁出现。民主党的强大使其能够克服重重困难，逐项通过议案。

最后，笔者研究了一揽子议案能够抑制修正案出现并更容易获得两党支持的推论。第二章的定量分析显示，弃用常规决议大大减少了拨款程序中唱票以及口头表决的数量。在常规决议中，不就任何拨款议案进行表决使得唱票表决的次数较正常情况下降了29%，口头表决下降到不足原有的1/10。参议院辩论结果显示，减少修正案的出现是制定一揽子议案的一个明确目标。拨款委员会主席泰德·史蒂文斯在将某项议案提交审议后，往往被随之喷发的民主党修正案激怒，他明确地指出了问题所在以及解决方案："问题的核心是那些不相关的修正案，我们需要就时间达成协议，或者完全不提交单独的议案。"

对于一些传统的学者而言，弃用常规决议会减少修正案出现这一结果或许会令其难以接受。可能的反对意见包括参议员仍然保留提交修正案的权利,以及当一揽子议案被提交至参议院时,参议员可以通过冗长辩论来捍卫自己的权利。的确,在常规决议遭到抛弃的情况下,参议员仍然保有修正立法和冗长辩论的权利,但这种论点忽略了一揽子议案的制定对修正案的影响。参议院领袖非常了解参议院的游戏规则,并懂得通过操控立法状况来为参议员行使权利创造机会或阻碍。政策制定者和研究者的观察都倾向于认为,一揽子议案比起常规决议减少了修正案出现的概率,这是由一揽子议案的规模以及时间紧迫造成的。同时,以协商会议报告形式提交表决的一揽子议案是不能修正的。尽管参议员可以用冗长辩论的方式来阻挠协商会议通过,但这么做就要背上阻碍联邦预算通过的罪责。弃用常规决议虽然没有改写参议院的规则,但是实证表明,这种做法对参议员的行为有着明显的影响,并且减少了他们提交修正案的可能性。[1]

关于一揽子议案更可能得到两党支持的推论同样成立。大多数时候,一揽子议案能够同时获得多数党和少数党的大力支持。在此前提下,总统的影响力可能会使议案最终的政策内容呈现出一些有趣的变化。克林顿总统就曾与参议院民主党联手,通过拖延单项开支议案的审议,迫使国会转而使用一揽子议案。比起少数党民主党,反对议案的更多是来自多数党共和党的议员。乔治·W.布什总统在成功推翻参议院已通过的政策后,遭到了民主党更为激烈的反对。在这两个案例中,有不少参议员尽管反对总统,但对最终版的一揽子议案还是给予了支持。大量的证据支持了政策制定者的观点:一揽子议案的设计是用来获取两党支持的。一揽子议案是典型的大规模"互投赞成票"的做法,每个人都可以从中获益,而不是只偏向一党的政策。政党政策从一揽子议案中的获益可能是非常有限的。

这个观点是符合有限影响力理论的。虽然一揽子议案在驱动政策偏向方面并不十分有效,但它们带来了间接的影响。弃用常规决议以及打包议案使多数党能够克服常规的立法难题,履行为政府拨款的基本职责。这种做法虽然可以完成任务,但要付出相应的代价。将议案打包到一起会降低拨款程序的透明度,减少议员提交修正案的机会,从而限制议员的立法影响力。一揽子议案的流程和结果因此广受诟病。就像多数党领袖汤姆·达施勒指出的:"我认为这正是国会运行不良的体现。"(和作者的谈话,2012 年 2 月 15 日)参议院多数党的弱势影响了参众两院与总统以何种方式合作制定预算,继而影响整个立法程

---

[1] "参议院预算拨款计划从这周起加快脚步",《国会日报》(2004 年 7 月 6 日)。

序。如果参议院的议事规则更接近众议院,一揽子议案通过的概率就会降低。

最后,以上这些发现显示了参议院多数党势力与影响力之间的重要区别。多数党的势力指的是它在参议院的战略地位,以及对其达成目标的能力的综合评估。影响力是指多数党影响立法结果的能力。通常,人们会用"强大"来描述能够影响立法结果的多数党,但这一说法并不适用于参议院。有证据显示,面临困境的参议院多数党会采取防御措施来保护本党免受攻击,而不是主动去达成政策目标,这同样会影响拨款程序。将"势力"和"影响力"等同起来会混淆多数党在参议院真正的战略地位,并导致研究者对多数党在何种条件下发挥影响力及其结果做出误判。

未来研究

曾经备受推崇的拨款程序近年来不断走向衰落。在2008～2012年间,参议院曾3次试图对12项单独开支议案分别进行投票,但都失败了。同时,通过临时持续决议延长上一财年的预算来代替制定新预算的做法也变得越来越普遍。有几次,参议院和众议院拨款委员会的下属委员会没能完成所负责预算案的汇报。所有的因素都指向了一个事实:在长时间的压力之下,常规决议可能要永远退出历史舞台了。就像参议员达施勒指出的那样:"大家现在几乎就默认一揽子议案是常规决议了。"(和作者的谈话,2012年2月15日)。如果情况真是这样,国会正在驶入一片未知的领域。未来研究的一个重要问题是:政党的特征和弃用常规决议之间的关联性在未来是否仍会和过去一样?如果议员们不再将常规决议作为通过拨款议案的默认做法,这种联系也许会渐渐消失。

未来的研究还应该着眼于众议院以及总统在拨款立法程序中所扮演的角色。定量分析的结果显示,传统的党派政治理论可以用于解释为什么众议院选择弃用常规决议。而笔者在本书中也介绍了一种有关总统如何参与拨款程序的新理论——"机会主义谈判"。未来的研究应该致力于解释众议院议员以及总统在拨款程序中面临的策略抉择,以及弃用常规决议或使用一揽子议案给他们带来的利弊。

最后,对于研究参议院的学者来说,最重要的任务是发明一种适用于参议院的政党理论。本书中的大量例子显示,诸如有限政府政党之类的理论在参议院并没有得到实证支持。适用于参议院的理论应该指出多数党在哪些条件下能够发挥影响力及其结果。这种理论的出现能通过比较参众两院的不同,帮助人们更好地理解立法政治中政党的角色,也将有利于未来的国会研究。

结　论

在美国,立法需要由 3 个不同的机构进行合作:参议院、众议院与行政部门。每个机构中由选举产生的议员和官员都有各自的行为动机,工作的环境也迥然不同。因此,每一个人都会在立法过程中留下独特的印记。在过去的 38 年中,由于参议院多数党长期无法以常规决议通过预算,一揽子议案出现的可能性增大了。虽然导致一揽子议案产生的因素有很多,但参议院多数党的弱势是"永恒的主题"。

随着一揽子议案出现的频率不断增加,传统的拨款立法程序已濒临消亡。在缺乏变化的参议院规则和两党稳定特征的影响下,传统的拨款立法程序在短期内很难回归。2013 年 11 月,多数党领袖哈里·瑞德释放出改革参议院规则的信号,他取消了总统提名需要 60 张参议院投票的要求,代之以所谓的"核选项"。参议员是否会对冗长辩论这一规则做进一步修改(使议案更容易通过)尚待观察。改革者面对的关键问题是他们想要将改革推进到何种地步,以及改革是否能够在保留参议院的个人主义风格的同时,避免拖延和少数派激进主义——这些都是催生出一揽子议案的因素。一百年以前,陷入投票僵局的众议院曾面临着相似的抉择:是否应该制定新的规则来防止拖延策略?他们的选择是制定一个强有力的多数党控制系统来影响众议院,并削弱少数党的影响力。要让参议院变得更有效率,我们需要相似的策略——但这可能也会使部分参议员的担忧变为现实——参议院正在变得越来越像众议院。为了提高参议院的效率,这种做法是否值得?相信在未来,我们会看到参议员们的答案。

参考文献

Aldrich, John. 2011. *Why Parties? A Second Look*. Chicago: University of Chicago Press.

Aldrich, John, and David W. Rohde. 2000. "The Republican Revolution and the House Appropriations Committee." *Journal of Politics* 61(1): 1—33.

———. 2001. "The Logic of Conditional Party Government: Revisiting the Electoral Connection." In *Congress Reconsidered*, ed. Lawrence Dodd and Bruce Oppenheimer, 269—292. Washington, DC: CQ Press.

Berry, William, and Stanley Feldman. 1985. *Multiple Regression in Practice*. Edited by Michael Lewis-Beck. Newbury Park, CA: Sage Publications.

Binder, Sarah. 1996. "The Partisan Basis of Procedural Choice: Allocating Parliamentary Rights in the House, 1789—1990." *American Political Science Review* 90(1): 8—20.

———. 1997. *Minority Rights, Majority Rule*. New York: Cambridge University Press.

———. 2003. *Stalemate: Causes and Consequences of Legislative Gridlock*. Washington, DC: Brookings Institution Press.

Black, Duncan. 1958. *The Theory of Committees and Elections*. New York: Cambridge University Press.

Brady, David, and Craig Volden. 2006. *Revolving Gridlock: Politics and Policy from Jimmy Carter to George W. Bush*. Boulder, CO: Westview Press.

Cameron, Charles and Nolan McCarty. 2004. "Models of Vetoes and Veto Bargaining." *Annual Review of Political Science* 7: 409—435.

Cox, Gary, and Mathew McCubbins. 2005. *Setting the Agenda: Responsible Party Government in the U. S. House of Representatives*. New York: Cambridge University Press.

Davidson, Roger, Walter Oleszek, and Frances Lee. 2012. *Congress and Its Members*. 13th ed. Washington, DC: CQ Press.

Den Hartog, Chris, and Nathan W. Monroe. 2011. *Agenda Setting in the U. S. Senate: Costly Consideration and Majority Party Advantage*. New York: Cambridge University Press.

Evans, Diana. 2004. *Greasing the Wheels: Using Pork Barrel Projects to Build Majority Coalitions in Congress*. Cambridge: Cambridge University Press.

Fenno, Richard. 1966. *The Power of the Purse: Appropriations Politics in Congress*. Boston: Little, Brown and Company.

———. 1973. *Congressmen in Committees*. Boston: Little, Brown and Company.

———. 1989. "The Senate through the Looking Glass: The Debate over Television." *Legislative Studies Quarterly* 14(3): 313—348.

Fiorina, Morris. 1989. *Congress: Keystone of the Washington Establishment*. New Haven, CT: Yale University Press.

Gailmard, Sean, and Jeffrey Jenkins. 2007. "Negative Agenda Control in the Senate and House: Fingerprints of Majority Party Power." *Journal of Politics* 69(3): 689—700.

Green, Matthew and Daniel Burns. 2010. "What Might Bring Regular Order Back to the House?" *PS: Political Science and Politics* 43(2): 223—226.

Hall, Richard. 1996. *Participation in Congress*. New Haven: Yale University Press.

Hanson, Peter C. 2014. "Abandoning the Regular Order: Majority Party Influence on Appropriations in the United States Senate." *Political Research Quarterly* 67(3).

Hanushek, Eric, and John Jackson. 1977. *Statistical Methods for Social Scientists*. Edited by Peter Rossi. Orlando, FL: Academic Press.

Hayward, Steven. 2009. *The Age of Reagan: The Conservative Counterrevolution*, 1980—1989. New York: Crown Forum.

Holtz-Eakin, Douglas. 2004. *Reforming the Federal Budget Process*. CBO Testimony. Washington, DC: Congressional Budget Office.

Jacobson, Gary. 2009. *The Politics of Congressional Elections*. 7th ed. New York: Pearson Longman.

Jones, Charles. 2005. *The Presidency in a Separated System*. 2nd ed. Washington, DC: Brookings Institution Press.

Keith, Robert, and Allen Schick. 2003. *Introduction to the Federal Budget Process*. Washington, DC: Library of Congress.

Kiewiet, D. Roderick, and Matthew McCubbins. 1991. *The Logic of Delegation: Congressional Parties and the Appropriations Process*. Chicago: University of Chicago Press.

Koger, Gregory. 2010. *Filibustering: A Political History of Obstruction in the House and Senate*. Chicago: University of Chicago Press.

Krehbiel, Keith. 1992. *Information and Legislative Organization*. Ann Arbor: University of Michigan Press.

———. 1998. *Pivotal Politics: A Theory of U.S. Lawmaking*. Chicago: University of Chicago Press.

Krutz, Glen. 2000. "Getting around Gridlock: The Effect of Omnibus Utilization on Legislative Productivity." *Legislative Studies Quarterly* 25(4):533—549.

——2001a. *Hitching a Ride: Omnibus Legislating in the U. S. Congress*. Edited by Samuel Patterson. Columbus: Ohio State University Press.

——2001b. "Tactical Maneuvering on Omnibus Bills in Congress." *American Journal of Political Science* 45(1):210—223.

Lee, Frances. 2009. *Beyond Ideology: Politics, Principles, and Partisanship in the U. S. Senate*. Chicago: University of Chicago Press.

LeLoup, Lance. 2005. *Parties, Rules and the Evolution of Congressional Budgeting*. Columbus: Ohio State University Press.

Madonna, Anthony. 2011. "Winning Coalition Formation in the U. S. Senate: The Effects of Legislative Decision Rules and Agenda Change." *American Journal of Political Science* 55(2):276—288.

Mayhew, David. 1974. *Congress: The Electoral Connection*. New Haven, CT: Yale University Press.

Monroe, Nathan W., and Jason Roberts, eds. 2008. *Why Not Parties? Party Effects in the United States Senate*. Chicago: University of Chicago Press.

Nelson, Dalmas H. 1953. "The Omnibus Appropriations Act of 1950." *Journal of Politics* 15(2):274—288.

Neustadt, Richard. 1990. *Presidential Power and the Modern Presidents: The Politics of Leadership from Roosevelt to Reagan*. New York: MacMillan.

Oleszek, Walter. 2007. *Congressional Procedures and the Policy Process*. 7th ed. Washington, DC: CQ Press.

Polsby, Nelson. 2004. *How Congress Evolves: Social Bases of Institutional Change*. New York: Oxford University Press.

Poole, Keith T., and Howard Rosenthal. 2007. *Ideology & Congress*. New Brunswick, NJ: Transaction Publishers.

Rae, Nicol, and Colton Campbell. 2001. "Party Politics and Ideology in the Contemporary Senate." In *The Contentious Senate: Partisanship, Ideology and the Myth of Cool Judgment*, ed. Nicol Rae and Colton Campbell, 1—18. Lanham: Rowman and Littlefield.

Riker, William H. 1982. *Liberalism against Populism: A Confrontation between the Theory of Democracy and the Theory of Social Choice*. San Francisco: W. H. Freeman and Company.

Schick, Allen. 2007. *The Federal Budget: Politics, Policy and Process*. 3rd ed. Washington, DC: Brookings Institution Press.

Schickler, Eric. 2000. "Institutional Change in the House of Representatives, 1867—1998: A Test of Partisan and Ideological Power Balance Models." *American Political Science Re-*

view 94(2):269—288.

Schickler, Eric, and John Sides. 2000. "Intergenerational Warfare: The Senate Decentralizes Appropriations." *Legislative Studies Quarterly* 25(4):551—575.

Shepsle, Kenneth A., and Mark Bonchek. 1997. *Analyzing Politics: Rationality, Behavior, and Institutions*. New York: W. W. Norton and Company.

Shepsle, Kenneth A., Robert P. Van Houweling, Samuel J. Abrams, and Peter C. Hanson. 2009. "The Senate Electoral Cycle and Bicameral Appropriations Politics." *American Journal of Political Science* 53(2):343—359.

Shepsle, Kenneth, and Barry Weingast. 1981. "Political Preference for the Pork Barrel: A Generalization." *American Journal of Political Science* 26:86—111.

Silverstein, Gordon. 2009. *Law's Allure: How Law Shapes, Constraints, Saves, and Kills Politics*. New York: Cambridge University Press.

Sinclair, Barbara. 1986. "Senate Styles and Senate Decision Making, 1955—1980." *Journal of Politics* 48(4):877—908.

———. 2002. "The '60-Vote Senate': Strategies, Process and Outcomes." In *U.S. Senate Exceptionalism*, ed. Bruce Oppenheimer, 241—261. Columbus: Ohio State University.

———. 2005. "The New World of U. S. Senators." In *Congress Reconsidered*, ed. Lawrence Dodd and Bruce Oppenheimer, 1—22. Washington, DC: CQ Press.

———. 2012. *Unorthodox Lawmaking: New Legislative Processes in the U. S. Congress*. Washington, DC: CQ Press.

Smith, Steve. 1989. *Call to Order: Floor Politics in the House and Senate*. Washington, DC: Brookings Institution Press.

———. 2005. "Parties and Leadership in the Senate." In *The Legislative Branch*, ed. Paul J. Quirk and Sarah A. Binder, 255—278. New York: Oxford University Press.

———. 2007. *Party Influence in Congress*. New York: Cambridge University Press.

———. 2010. *The Senate Syndrome*. Washington, DC: Brookings Institution Press.

———. 2014. *The Senate Syndrome: The Evolution of Procedural Warfare in the Modern U.S. Senate*. Norman: University of Oklahoma Press.

Stein, Robert, and Kenneth Bickers. 1994a. "Congressional Elections and the Pork Barrel." *Journal of Politics* 56(2):377—399.

———. 1994b. "Universalism and the Electoral Connection: A Test and Some Doubts." *Political Research Quarterly* 47(2):295—317.

Stewart, Charles. 1989. *Budget Reform Politics: The Design of the Appropriations Process in the House of Representatives*, 1865—1921. New York: Cambridge University Press.

Wawro, Gregory, and Eric Schickler. 2006. *Filibuster: Obstruction and Lawmaking in the U.S. Senate*. Princeton, NJ: Princeton University Press.

Weingast, Barry. 1979. "A Rational Choice Perspective on Congressional Norms." *American Journal of Political Science* 23(2):254—262.

Wildavsky, Aaron, and Naomi Caiden. 2004. *The New Politics of the Budgetary Process*. 5th ed. New York: Pearson Longman.

Wlezien, Christopher. 1996. "The President, Congress, and Appropriations, 1951 — 1985." *American Politics Research* 24(1):43—67.